高校教育管理理论与实践研究

高 禹 著

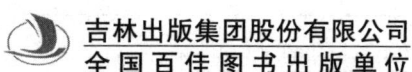

吉林出版集团股份有限公司
全国百佳图书出版单位

图书在版编目（CIP）数据

高校教育管理理论与实践研究/高禹著. -- 长春：吉林出版集团股份有限公司，2022.9
ISBN 978-7-5731-2280-3

Ⅰ.①高… Ⅱ.①高… Ⅲ.①高等学校－教育管理－研究 Ⅳ.①G640

中国版本图书馆CIP数据核字(2022)第173481号

GAOXIAO JIAOYU GUANLI LILUN YU SHIJIAN YANJIU
高校教育管理理论与实践研究

著　者	高　禹
责任编辑	杨　爽
装帧设计	肖慧娟

出　　版	吉林出版集团股份有限公司
发　　行	吉林出版集团社科图书有限公司
地　　址	吉林省长春市南关区福祉大路5788号　邮编：130118
印　　刷	唐山富达印务有限公司
电　　话	0431-81629711（总编办）
抖 音 号	吉林出版集团社科图书有限公司 37009026326

开　　本	787 mm×1092 mm　1/16
印　　张	11.75
字　　数	170 千
版　　次	2023 年 1 月第 1 版
印　　次	2023 年 1 月第 1 次印刷

书　　号	ISBN 978-7-5731-2280-3
定　　价	55.00 元

如有印装质量问题，请与市场营销中心联系调换。0431-81629729

前　言

在经济全球化、文化多元化和社会信息化的背景下，随着高等教育大众化趋势的发展，高校学生管理工作也发生了深刻变化。高校教育管理是国家教育体系中的重要组成部分，在保证培养高校人才质量、规范大学教育管理秩序、培养社会主义事业建设者和接班人等方面发挥着十分重要的作用。对于高校而言，要想提高就业率，实现持续发展，就必须提供让国家、社会、用人单位满意的高质量人才。高校教育质量的高低直接关系着人才培养质量，因此提高教育质量已经成为众高校面临的主要课题。教学质量是教育质量的基础和核心，直接关系着高校人才培养的质量和毕业生就业质量等一系列问题。因此，提高教学质量、提高管理水平是高校亟须解决的主要问题。

本书立足于高校教育管理理论与实践的研究，从高等教育教学相关理论出发，介绍了高校课程建设与管理、高校教学管理及队伍建设、高校校园文化建设管理的内容，并着重对高校学生工作管理进行讨论，最后对高校教学管理信息化延伸发展、创新理念下的高校教学管理展开了讨论与研究。希望通过本书的介绍，能够为读者提供高校教育管理理论与实践研究方面的帮助。

本书在写作过程中，参阅了相关文献资料，在此，谨向其作者深表谢忱。由于笔者水平有限，疏漏之处在所难免，敬请广大读者批评指正。

高　禹
2022 年 5 月

目 录

第一章 高等教育教学相关理论 …………………………… 1
 第一节 高等教育教学本质及其特征 …………………… 1
 第二节 高等教育教学观念及其发展变化 ……………… 5
 第三节 高等教育教学方法 ……………………………… 14
 第四节 高等教育教学方法创新的理论基础 …………… 17
 第五节 高等教育教学方法创新的原则 ………………… 21

第二章 高校课程建设与管理 ……………………………… 24
 第一节 课程的含义 ……………………………………… 24
 第二节 课程建设的实施 ………………………………… 31
 第三节 课程开发 ………………………………………… 35
 第四节 课程整合 ………………………………………… 43
 第五节 精品课程建设 …………………………………… 53

第三章 高校教学管理及队伍建设 ………………………… 60
 第一节 教学管理及队伍建设 …………………………… 60
 第二节 高校专业、课程建设与管理 …………………… 69
 第三节 高校教育质量监控管理体系 …………………… 77

第四章 高校校园文化建设管理 …… 88
第一节 高校校园文化的内涵 …… 88
第二节 高校校园文化建设的基本方向与价值 …… 94
第三节 高校校园文化建设的核心内容 …… 99
第四节 高校校园网络文化建设工作的开展 …… 108

第五章 高校学生工作管理 …… 120
第一节 高校学生工作管理的内涵及特点 …… 120
第二节 高校学生工作管理的目标及原则 …… 124
第三节 高校学生工作管理取得的成绩 …… 126
第四节 我国高校学生工作管理的对策 …… 130

第六章 创新理念下的高校教学管理 …… 142
第一节 创新及创新人才 …… 142
第二节 创新人才培养 …… 153
第三节 创新人才培养与教学管理的关系 …… 157
第四节 基于创新理念的教学管理 …… 168

参考文献 …… 181

第一章 高等教育教学相关理论

第一节 高等教育教学本质及其特征

一、高等教育教学的作用与功能

高等教育教学的作用与功能就是教学活动的基本目标与任务,主要源于三个方面:教师的需求目标、学生的需求目标、社会的需求目标。在高等教育逐步发展、受教育人群日益扩大的形势下,社会本位的教学功能不断弱化,"以人为本"的教育思想逐渐占据重要地位。所以,教学活动的目标必须同时考虑教学活动主体,即教师和学生的个人需求,教师通过教学传播知识,促进自我的进一步探究,同时引导学生获得专业技能的训练,从而获得满足与成就感。学生通过对社会愿望、个人兴趣及基本能力的综合考虑,主动接受高等教育、参与教学活动,以达到身心和智力的全面发展。社会对教学活动的需求可能是具体而分层次的,教师和学生对教学活动的需求可能是抽象而含糊的。对这种矛盾冲突的认识和化解有利于教学方法创新。

二、高等教育教学的主体与环境

高等教育教学的主体与环境是教学活动得以开展的基本条件。教学主体就是有目的、有意识地进行教学实践活动和认识活动,并在教学活动中确立和体现主体地位的现实的人。这里的人包括三层含义：现实的人、动态发展的人、个体与群体相统一的人。因此，学生也是教学活动的主体之一。教学环境是相对于教学主体而言的，它包括教学活动中除主体之外的一切物质的、时空的、媒介的关系等方面，尽管环境在教学活动中处于从属地位，但对其实现教学目标有极为重要的影响。

三、高等教育教学的形式与内容

高等教育教学的形式与内容往往表现得最为具体、生动，既反映内容与形式的对应关系，也反映形式与环境的协调关系，还反映教学活动直接主体（教师与学生）与间接主体（教学管理者）协商一致管理的特征。单从教学活动形式来看，就是内容、环境、主体的统一，如课堂教学、课外练习、社会实践就是三者关系的不同组合结果。如果从教学活动主体的作为来看，则有讲授听课、师生研讨等活动，每一种活动各自主体地位的表现是不同的。高等教育教学内容是与教学目标紧密相连的，尽管目前我国高等教育教学的计划性正在减弱，但总体上依然比较强。也就是说，从国家或社会本位出发对专门人才的知识、技能体系有一个制度设计和进程安排，教学内容按照这些制度和进程逐步展开。现在，我国开始注意发挥教师和学生的主动性，对教学内容的选择权有所放开，但与教师自主裁量教学内容和学生在完全学分制下自由选择教学内容还有相当距离，至少学生的职业规划与学校的学业指导工作短时间内难以跟上。

四、高等教育教学的特点与过程

高等教育教学的特点与过程是联系在一起的，教育与教学是一个循序渐进的过程,世界上没有任何一种瞬时性的教学活动,过程本身就是教学活动的普遍特点,因此很多学者用"教学过程"代替"教学活动",专注于研究高校教学过程而不刻意研究高等教育教学活动也是可以理解的,只是过程性特点不为高等教育教学所特有。所以,将两者混淆是不合理的,无论是对高等教育教学活动的瞬时考察还是对教学效果的分析,高等教育教学活动的特点都是十分明显的,具体有以下一些特点:

(1)专业性教学与综合性认知相结合。高等教育与基础教育的最大不同在于知识的专业系统性,属于建立在基础教育之上的专业教育,教学目标和内容按照不同学科专业领域的知识体系进行设计,教学组织形式也分专业进行。同时,高等教育教学活动的综合性认知也十分明显,在专业性教学内容与教学情景中,学生的知识、能力、素质得到全面的培育,即使是一门十分专业的课程,教学活动对学生的影响也是综合性的,在课程设置、活动设计中安排有一定分量的基本素质和能力训练的内容和项目,对学生的培养是多方位的。

(2)隐性教学与显性教学相结合。高等教育教学活动对人才培养的影响趋于多样化,传统课堂的直接影响、作业与练习的直观影响等属于显性活动部分,还有许多潜移默化的教学活动,如一次学术报告会、一次参观学习、一次社会调查、教师对学生的一次得体的表扬或批评等,这些看似不像规范的教学活动属于隐性教学活动,它的教育意义和对学生的影响绝不只是现场表现出来的结果,而要比现场深远得多、广泛得多。教育中的所谓"启发""养成",其实就是对这种隐性教学活动功能的表述。

(3)教学活动与科研活动相结合。科学研究活动是学生有意识地探究世界的实践活动,我们说高等教育教学活动是学生认识世界实践活动的有效组织方式,其本意就在于表明高等教育的教学活动不是纯粹的知识传授活动,也不纯粹是师生交往与情景感悟活动,而是有目的地引导学生学会认知和探究世界的方法、训练基本的认知能力的活动。如果说本科生教学对这方面的要求只是初步的,那么研究生的教学则是典型的认识已知与探求未知的统一,就是教学活动与科研活动的统一,教师和学生在各自的教学活动任务中都可以实现认识已知与探索未知的结合。

五、高等教育教学的构成要素

高等教育教学是一个以动词为主的、内涵比较宽泛的偏正词组。它可以指由学校为实现人才培养的目标所组织的任何行动。由于各校、各学科专业的人才培养目标、质量规格、层次要求不同,高等教育教学活动也表现出较大的差异性。但就每一个具体教学活动单元的结构来说,它们又有许多相似性,即都是由若干基本相同的要素所构成的开放性系统,不同教学情景就由这个系统的要素的不同组合产生。

关于高等教育教学活动构成要素的研究,历来就有不同的争论。有的从共时性角度分析而有的从历时性角度分析,有的从关系角度分析而有的从表象角度分析,有的从深层结构分析而有的从表层结构分析,不同的分析角度决定了不同的分析结果,以至于出现从"三要素说"(教师、学生、教材)到"七要素说"(学生、教学目的、教学内容、教学方法、教学环境、教学反馈、教师)的巨大差异。客观地看,这种差异是正常的,特别是更加精细的结构要素划分,只要在逻辑上没有包含或遗漏,精细的分析应该得到提倡。联系高等教育教学活动的几个特点,我们认为一个比较完整的具体教学活动应该由教学主体、教学目的、教学信息等要素构成。

关于教学主体,以往以机械认识论为理论基础,从施教与被教角度考虑,认为教育参与者包括教师和学生两个方面,即教学主体是教师,教学对象是学生。这实际上忽视了高等教育教学的特殊性,因为隐性的教学效果、探究性的教学活动都依赖于学生主体性作用的发挥,所以教师与学生是高等教育教学活动的共同主体。

关于教学目的,这是任何教学活动的基本要素,只是不同目的有层次上的高低差别。即使是高等教育的教学活动,其目的也有层次之分,如一个专业培养方案中的教学目的,一门课程的教学目的,一节课的教学目的等。就教学方法研究需要而言,这里的教育目的主要指一个课堂之类的教学活动的目的,其中有比较抽象的一般要求,也有比较具体的内容、技能目标。

关于教学信息,以前通常用教材及教学内容来表示。但实际上,教学内容有一部分应该包含在教学目的之中,作为目标性任务加以明确。

第二节 高等教育教学观念及其发展变化

一、高等教育教学思想观念及其核心内容

(一)高等教育教学活动主体

教师主体论源于以赫尔巴特为代表的"教师中心说",是长期统治教育研究与指导教学活动的主导流派。该派观点认为,在教学活动中,教师是唯一的主体,学生是用来供教师加工、改造的,与教学内容一起构成教师教学活动的对象,属于教学客体。学生主体论源于以杜威为代表的

"学生中心说",其基本观点与教师主体论相反,认为教学活动的唯一主体是学生而不是教师,教师和教学内容都是被用来塑造和加工学生的,是其成材的工具性对象,是教学客体。而教师学生双主体论则改造了前述单一主体论的思路,提出教师和学生都是教学活动的主体,在一个完整的教学活动内,就对教学效果的最后影响来说,分不清教师的能动作用大还是学生的能动作用大,只能是两个主体并存,共同协调的结果。这时,教学内容、教学设施、教学环境等基本上属于辅助性的东西,属于教学客体。

其实,对教学主客体的辨析有一个基本的逻辑起点,这就是从哲学引用过来的主体概念是基于何种哲学观点,是本体论的观点还是认识论的观点。显然,从本体论出发,只能有一个主体;而从认识论出发,选择的认识活动角度不同,就会得出不同的主体结果。教学本身就是一个复杂的系统,从教学作为社会活动的实践关系出发,毫无疑问教师是主体,学生是客体;从教学活动的价值关系出发,很明显,学生必然是主体,教师是客体;从认识活动的全面关系出发,则教师与学生都属于主体,客体只是那些主体之外的教学活动要素。因此,提高对教学活动主体的认识,有利于调动教学活动要素的积极性。那些单方面强调教师主体地位的观点,对教师工作积极性、主动性与责任心有极大的激发作用,但在很多情况下,教师的一厢情愿往往达不到教学效果,久而久之,教师的这种积极性也会消解。而那些单方面强调学生主体地位的,则有利于激发学生的自我教育、自我学习、自我塑造,也有利于教师在教学中贯彻促进学生全面发展的理念,但如果缺乏教师的正确引导,往往也不能得其门而入,最后效果并不如意。教师和学生的双主体地位,可以比较全面地调动教师和学生在任何教学活动中的积极性,根据实际需要各自发挥应有

第一章 高等教育教学相关理论

的作用,共同完成教学任务,实现教育目标。从高等教育的教学活动特点来看,这种双主体观念更符合教学实际。教师和学生在教学活动中主体地位的认可,不是什么权益之争,而主要在于责任的归属。教师和学生对于那些作为客体的已知知识、未知知识的认识与探求是共同的,因此在这种"既认识已知又探索未知"的高等教育教学活动中,教师和学生属于共同的主体是不应该有疑问的。

(二)高等教育教学活动主体关系

一般来说,任何活动都存在主体与客体的关系,如果按照两种单一教学主体的观点,无论谁为主体谁为客体,都是主客体关系。但是,高等教育教学活动主体是双重的,不同主体之间必然构成一定的关系,因此很有必要探讨教学活动的主体关系。至于高等教育教学活动的客体,在双重教学活动主体前提下,它与主体之间的关系比较简单,一方面服从于主体的需要,另一方面充当连接两个主体的纽带。

高等教育的教师是教学活动任务的具体组织者、承担者。教师群体是高等学校履行人才培养职能的直接人员,他们在自己的专业领域还肩负着科学研究和社会服务的使命。高等教育教师作为一个群体概念,包含所有在高等教育从事与教学活动相关的专业人员,既有教学第一线的任课教师,也有以科学研究为主要任务的研究人员,还有实验、实践教学及教学活动组织管理第一线的教学辅助人员。高等学校教师作为一种社会职业者,具有较高的社会地位和重要的教学主导地位。人们常常把高等教育的人才培养和学术水平看作一个国家文明进步的标志,对履行这两项职责的高等教育教师寄予厚望。另外,在高等教育教学活动中,教师对教育内容的选择、教学活动的调节、教学进程的把握、教学手段的改造等起着主导作用,因而是教学活动的主体。

总之,高等教育教师肩负着比较多的教学职责。第一,要肩负传授知识,引导学生掌握学科专业基础知识、基本理论和基本技巧,培养和发展学生智力和专业能力的职能。第二,要在教学活动之中通过隐性手段启发和培植学生良好的道德、情操、意志与美感,关心学生的全面成长。第三,要精心组织和设计教学活动,不仅注意课堂教学活动的组织,还有课堂延伸到课外的答疑辅导、作业评判,以及相应的实验和实习、实践。第四,为了更好地服务和改进教学,必须不断地开展专业领域的科学研究和教学研究,以引领学生及时了解科学前沿,改善教学方法,丰富教学内容。在这些基本职责中,最基本的两项是教学和科研。能否成为比较合格甚至优秀的教师,关键就在于这两项职责的履行情况。这两项职责任务完成得好,不仅可以相互促进,还可以带动其他职责更好地完成。实际上,中外高等教育有不少教师并不能较好地兼顾两者,有相当多的教师把自己的教学目标定为传授课程知识、介绍本领域的概念和方法,很少关心学生的一般智力发展和个性发展。他们作为教学内容方面的专家,与本领域的其他人共同具有专业化的知识、概念、话语、方法;但作为教师,尤其是本科生的教师,则难以与学生形成共同认可并乐意接受的训练方法,以丰富教学活动的知识和理论。

高等教育教师肩负的职责决定了他们的劳动特点。这就是教学手段的自主性与教学活动的示范性、教育对象的能动性与教学情景的复杂性、教学过程的长期性与教育影响的滞后性、教学方式的个体性与教育成果的集成性。面对这些特点,有的教师可能会表现得无可奈何,有的则从积极方面进行力所能及的改进,甚至形成个人教学风格。比如,以教学内容为中心的,以尊重学科为特点,重在教给学生系统的知识、原理;以教师自我为中心的,则相信自我的榜样作用,让学生陷入角色模拟的境地;以智力为中心的,则以训练学生的智能为目的,一切的知识、环境都只是用来训练的道具,知识、技能本身不是追求的结果。这些都是有特点的教师,还不是"全能的教师"。比较良好而全面的教学活动,应该是教师的知识,师生现实的探究,教师引人入胜的个性、人格,以及激励学生学习动机、能力的高度复合。

二、高等教育教学思想观念的演变

(一)培养人才观念的形成

高等教育的根本任务是培养人才,而人才培养的主要途径是教学活动。改革开放以来,确立了知识本位的高等教育思想观念,但高等教育似乎又一下从"广阔天地"回到了"象牙塔"。同时,教学和科研又在高等学校展开了激烈的地位之争,致使教学和科研"两个中心"的发展轨迹渐行渐远,也使得很多学校和教师更加重视科研工作,对教学工作重视不足,以致教师的教学职能发挥不够。随着国家对人才培养质量的关注与重视,人们开始重新认识和反思高等教育教学和科研的关系,进而确立了教学在学校工作中的中心地位,无论什么类型的高等教育,首要任务是人才培养,科学研究也要肩负起人才培养的职能。高等教育教师必须把教学放在第一位,切实履行教师的基本职责。随着世界高等教育发展和科技、社会进步对人才培养新要求的不断提出,能力本位观点越来越受到重视,要培养学生成为社会需要的知识全面、技能过关的高素质人才。因此,对教学活动提出了新的要求:一方面是出于理论教学与实践教学的关系问题的考虑,既不能忽视理论教学,又要加强实践实验教学;

另一方面是出于协调学校教育与社会教育的关系,既不能在学校教育与社会教育之间走极端,也不能过多增加学生的时间、经费、心理等学习负担。于是,新的教学中心地位理论逐步得到丰富和发展,在校内强调理论教学与实验,在科研活动中培养学生能力,在校外加强实习实训基地建设,建立产学研究机制。

(二)逐渐形成以专业教育为主的教育思想

一般认为,国际上高等本科教育大致有两种教学模式:一种是以前苏联和德国为代表的专才教育模式,学生在校学习时间较长,既打基础,又进行实践训练;另一种是以美国为代表的通才教学模式,学生在校学习时间较短,主要是打基础,实践训练放到大学毕业以后。我国最先主要学习前苏联模式,形成了专才教学模式。改革开放后,我们发现前苏联专才教育模式的许多弊病,于是开始注意学习欧美通才教育模式。与此同时,这两种模式自身又不断变化和交融。

1978年我国召开的全国科学大会提出"向科学进军",迎接科学春天的到来,这使刚刚恢复的高等教育深深打上科学主义的专业教育烙印,此后一直成为国家教育方针政策及学校教育教学工作的重要指导思想的构成元素。但培养学生一技之长的专业教育思想很快也受到素质教育思想的挑战,因为国内外的人才成长及实践表明,仅有一技之长的人并不能担当高级专门人才的重任。随着世界科技的迅速发展,学科专业高度分化后再高度综合成为发展趋势,人才培养与社会工作都越来越复杂化,特别是"曼哈顿计划"反映出社会工作对人员合作、协调、组织能力等综合素质的要求越来越高,不仅要具有扎实的基础、宽广的知识面、较强的能力,而且要具有良好的思想政治素质和道德水平,以及健全的身体心理素质。

以自由教育、人文教育、普通教育等形式出现的综合素质教育思想得以萌生，传统意义上的专业人才培养模式、观念逐渐被"拓宽专业口径，增强适应性"的呼声和"通识教育"的理念所取代，重视科学技术的"精、深、专"被"德才兼备""文理兼备"的人才目标所取代。随后，华中科技大学率先提出以人文素质教育为突破口，中共中央和国务院出台专门文件推进高等教育的全面素质教育，并建立了一大批国家人文素质教育基地。人文素质教育并非只对理工科学生进行人文科学知识传授，而是对所有学生加强人文品格、人文精神的全面教育，是通识教育的具体体现。

(三)提高终身学习和终身教育观念

按照传统的职业教育观念，高等教育在教育序列中毫无疑问就是人生的终结性教育活动。但由于世界科技发展的日新月异及世界性社会工作的不断变化，由联合国教科文组织的系列报告引发，以素质教育思想为理论支撑的终身教育、终身学习观念逐渐渗透到高等教育领域，高等教育究竟是终结性教育还是基础性教育，一时成为学术界的争论热点。特别是高等教育达到大众化甚至普及化程度之后，高等教育的基础性就更加突出了，高等教育只能为学生未来成为科技人才、从事科技职业打下知识、能力和继续学习的基础，而不能为未来准备好所需的一切，因而高等教育人才培养必须更加重视比较宽广的学科领域、比较扎实的基础知识、比较强的学习和研究能力，也必须为在职人员提供大学后继续学习的条件。

(四)以学生为本的个性化教学观念逐渐生成

一场世界性的学习革命,使高等教育教学模式必须适应受教育群体的历史性变化,这是高等教育教学创新的直接指导原则和方向。具体而言,有如下表现:由单纯的掌握知识转变为更加注重智力发展和能力培养;由单纯的、狭窄的专业知识和能力培养转变为同时注重拓宽知识面,培养具有包括外语能力、经管能力、交往能力等多种能力的复合型人才;由单纯注重统一的培养规格转变为同时注重发挥学生的多样化特长和学习潜力;由偏重于重视理论知识转变为同时注重实际知识,进一步强调理论与实践相结合等。

因材施教,促进人的全面发展是一条基本教育原则。为了克服计划时代"标准件"式的高等教育人才规格和培养过程中的固有缺陷,突出学生在人才培养中的主体地位,在教学管理、教学环节、教学方式等方面也要将统一的、封闭的、固定的人才模式变革为多样化、个性化的教学过程和教学形式。既努力拓宽专业口径又坚持按专业培养人才,既制定人才培养目标和基本规格又给予学生充分自由的发展,既坚持教学工作的计划性又给予学校、专业、教师和学生较大的灵活性。在教学管理上,推行学分制,实行选课、选专业等灵活的制度和政策。

三、高等教育教学思想观念变革的趋势

进入 21 世纪以来,随着我国高等教育大众化进程的不断推进,高等教育的条件保障机制各方面遇到了难以想象的困难,由此引发的人才培养质量争议成为高等教育的热门话题。政府和高等教育回应这种社会争议的积极举动就是实施"高等学校教学质量与教学创新工程",试图既

改善高等教育的条件保障状况,又注重将物化的环境与条件转化为人才培养所必需的制度建设,不断推进教学思想观念创新。

(一)建立健全大教育观

这具体表现在创新高等教育资源共享上,通过新教材和立体化教材建设、网络教育资源开发和共享平台建设,建立面向全国高等教育的精品课程和立体化教材的数字化资源中心,建成一批具有示范作用和服务功能的数字化学习中心,完善服务终身学习的支持服务体系,提升我国高等教育的质量和整体实力。这需要充分考虑提高教学质量的系统性和复杂性,确定一些具有基础性、全局性、引导性的创新突破口,引导高等教育教学创新的方向,实现高等教育规模、结构、质量和效益的协调发展。同时,也需要调动政府、学校和社会各方面的力量,把发展高等教育的积极性引到提高质量上来,充分利用各方面力量支持高等教育的发展,切实解决高等教育在提高质量方面的实际问题,为高等教育办学创造良好的外部环境。

(二)高等教育教学创新

高等教育教学创新与高等教育质量提高是一对永恒的话题。总体而言,我国高等教育教学创新在实践活动上可谓阵容庞大、气势恢宏,但在形式和内容上出彩不多。因此,在教学制度创新方面,要继续建立和完善教学评估制度、专业认证制度、高等教育基本状态数据发布制度等;在教学活动创新方面,不仅要落实"教授、名师要上课堂",还要努力建设高水平教学团队。同时,应继续突出学生的主体地位,不断加大学生选课、选专业余地,通过学分制使学生学习的自主性、自我责任心进一步增强。另外,还应通过各级各类大规模、高水平的教学研究与教学创新立项和成果奖励,推动教学方法创新的激励机制,从根本上改变教学方法创新零散、自发、孤立、短效的局面。

第三节 高等教育教学方法

一、高等学校教学方法

在已有研究成果中,对于高等教育教学方法的分析和认识有本质揭示型的,也有特征或过程描述型的,对于高等教育教学方法研究的风向转向了"模式"路径。无论是本质揭示还是特征或过程描述,都存在一个致命缺陷:教师本位思想。因此,几乎所有关于高等教育教学方法的本质定义和特征归纳,都陷入了以教师为主导的"二元论"泥沼,即从教师角度研究教授方法,从学生角度研究学习方法,教授方法加学习方法就构成教学方法。这种逻辑思路所分析得出的结果自然离高等学校教学活动真实情景距离较远,教师的教授方法可以在没有学生参与的环境下进行,学生的学习方法更无须教师的直接参与。这两种可以游离的方法不是简单相加就可以组合成新的方法。因此,对传统的教学方法研究成果提出了批评。但批评与建构是事物发展的两个不同阶段,在建构尚无突破也未引起足够重视的情况下,高等教育教学方法的研究却转向了"教学模式"研究,随着教学模式研究的兴起,教学方法研究逐渐衰落。

其实,教学模式研究代替不了教学方法研究,或者说仅仅是教学方法研究特殊阶段的一个尝试。很多教学模式研究成果显示,它属于教学方法研究范畴,教学模式是多种教学方法的综合。至于说教学模式是稳定的、典型的教学程式或策略或样式,这种表述也背离了高等教育教学活动的本质,与高等教育教学活动特征不相容。因为高等教育的教学活动,尤其是教学方法,不存在可以照搬、套用的"方法组合",试图设计或概括出一种模式加以推广也不符合高等教育的教师、学生、学科专业、学校类型等差别化的实际。高等教育教学,其本质是一种整体性的有机"活动场域",教学方法就是维系这种活动场域的或隐性或显性的"脉络",即在教师的教授活动领域与学生的学习活动领域的交叉重叠部分发生的信息传达、消化、反馈的思维、路径、手段及氛围环境等。在这个交叉重叠区域之外的教授方法、学习方法或者管理方法,虽然对教学活动、人才培养有重要影响,但不是严格意义上的教学方法。

在高等教育教学活动场域中,关于方法问题不只教学方法一端,还有管理与教师活动交集场域的方法、管理与学生活动交集的方法等问题。但教师和学生活动交集又与管理活动有一小块交集,问题的核心就在于:教学方法的掌控权限。假如教师、学生、管理者在整个教学活动中的作用是均衡的,而且教学方法的选择与使用也是深度融合的,则三者对教学方法掌控权的共同认可范围大约是余下三分之一的"他控"组合区域,各自的三分之二则是自我控制的区域。也就是说,在教学方法的控制问题上,管理者、教师和学生都不可用全部的单方面意愿来衡量整体和他方的教学方法,真正可以达到三方共控的是小于各自三分之一的共同空间。教学方法的自由是"教学自由"的实践根源。

二、高等教育教学方法的特点

认识教学方法的特点是认识高等教育教学方法的理性提升。仅从明确提出高等教育教学方法特点和分类来看，几乎都是循着"探寻模式"和"分析过程"两种思路在进行，如薛天祥提出的课堂教学方法、自学与自学指导方法、现场教学方法、科研训练方法的"四分说"，陆兴提出的组织和实施学习认识活动方法、刺激和形成学习认识动机方法、效果检查和自我检查方法的"三分说"。我们通过分析大量教学成果获奖材料及"教学名师"的实践经验发现，对于高等教育教学方法特点和分类的认识要首先回归教学活动本身。教学方法必须是在教学活动中充当"脉络"功能的东西，教学活动之外的、教学活动之中但不能充当活动"脉络"的，都不归于高等教育教学方法考察范围。

  在整个高等教育教学活动中，一切活动都围绕"提高教学水平和教育质量、实现培养目标"这个中心，而且任何活动都具有其方法、途径、手段。在专门人才培养过程中，课程是最基本的知识与能力体现单元，也是高等教育活动中学科与专业相互转化与结合的最小载体。学科是一个按照学术发展逻辑不断丰富的系统化的知识体系，专业是教育活动按照社会对专门人才要求所设计的一个相关学科的知识体系群，开展这种学科知识体系群的知识传授和能力训练就是专业教育。可以说，专业是按照社会发展的逻辑变化的。课程是学科知识体系的分化单元，也是高等教育实施专业人才培养的最小的、完整的知识与能力结构单元。高等教育的复杂性体现在从课程这个知识逻辑体系转化到学生所获得知识与能力的微观过程之中，这就是教学活动。因此，研究高等教育教学方法必须把课程作为基点，超出课程范围的东西，如人才培养方案、教材建设与教学活动关联不大。确定了教学方法的基本范畴，尚需对教学方法的内在特点和结构进一步细化。

三、高等教育教学方法的分类

高等教育教学方法的基本特点,对于高等教育教学方法分类表征性的概括比较容易。高等教育教学方法的分类要从"种属"和"类别"两个方面分析,即按照种和类两个维度进行分解。第一个维度是"类"的角度,可以分为:①教学方法总论;②理论课程教学;③实践课程教学;④学习方法。第二个维度是具体的方式与途径,即"种"的角度,可以分为:①课程教学内容与体系创新;②教学方式方法创新;③教学手段与技术创新;④教学艺术与技巧创新;⑤教学方法模式创新与综合创新;⑥教学效果与质量检验方式创新;⑦教学组织方式方法创新;⑧教学方法创新理念与策略。建立这样一个二维方法结构表,基本可以反映高等教育教学方法的全貌,高等教育教学方法的所有特性也能够在其中找到相应的载体。

第四节　高等教育教学方法创新的理论基础

价值是一个具有普遍意义的概念,使用范围极其广泛。马克思在政治经济学领域讲的价值是指凝结在商品中能够满足人们需要的无差别的人类劳动或抽象的人类劳动成果,因此哲学上讲的价值往往与人的需要联系在一起,价值首先体现外界事物与人们主观需要之间的关系。价值论就是关于人类生活中各种价值现象及性质、构成、标准及评价的哲学分支。它看似抽象,高深莫测,主要在于100多年前的奠基者们把它描述为寻找普遍存在于伦理学、美学、法学、经济学等学科领域的"某种共同的东西",因而使其显得玄乎。实际上,价值论相对于本体论、认识论,有非常明确的人本指向,就是从客体满足主体的需要以及如何满足主体的需要出发,建立一套设计、考察、评价客体是否满足主体需要的价值原则和基本行为准则等一般价值体系,并且延伸或应用于个人和社会生活的各个领域,形成适应不同领域的具体价值体系,同时以实践的方式用这种价值体系去评判、考量和重构人类生活现实,具有强烈的社会规范和导向作用。

一、主体需要与客体能够满足主体需要的价值实现

价值论关于主体与客体关系的规定性超越了认识论的规定范畴,把人的幸福问题作为轴心,并派生出相关的个人与他人、个人与社会、人类与自然之间的关系等问题。所以,价值论的主体与客体是动态变化的、多元结构的。就主体和客体的基本特征来讲,无论其构成是人—人结构、人—事结构、人—物结构,都是围绕需要与满足展开的活动。作为客体,某事物对人或特定某人有用,能满足其某种需要,则这种事物相对人或特定某人就是有价值的。这里的人或特定某人就是主体。所谓价值,就是客体对主体需要的满足性。同时,主体必须实际享受了客体所具备的效用才能使客体的有用性得以显示、发挥、实现。当主体不需要或暂时不享受这种需要时,价值主体与价值客体并没有发生实际关联,客体的价值只是潜在或可能的,没有得到实现。因此,从主体方面来看,价值是主体对客体的需要性。总之,价值反映的是事物的客观有用性与人的主观需要性之间特定的关系,既与客体的有用性相关,又与主体的需要性相关。客体的有用性与主体的需要性的辩证统一及价值的个体性与社会性的统一、理想性与现实性的统一、手段性与目的性的统一,就构成了价值实现。价值论的全部意义就在于价值实现,价值实现的核心内容

是人的价值实现。

二、价值论的高等教育学意蕴

价值论是探寻人类生活理想目标的哲学分支。作为人类社会生存与发展重要组成内容的教育活动,自然也在价值论的视野之内。无论是对个体的人还是对群体的人,"以人为本"的发展理念说到底就是"以人的价值实现为本"。价值论关于人的价值实现的一系列观点和价值体系正在不断校正着传统教育学的一些悖谬,更对化解高等教育及其一些难以解释的问题和现象提供了理论帮助。

现在的高等教育教学基本理论是认识论基础上的一般教育学。也就是说,认识论所刻意解析的主体与客体关系范式被一般教育学所接受,形成了教学活动中的主、客体二分局面。因此,出现了教师主体、学生客体或者说教育者、被教育者等一系列的概念或范畴。其实,关于"教育"这种古老的人类活动的本质界定始终打着本体论的烙印。认识论关于主体性有更精辟的阐释,但在人与人的关系问题上仍未完全脱离本体论。所以,一般教育学和教学论理论仍然沿袭这种哲学观点,非要分出教学活动中的主体与客体,非要使"教育"这个动词具有及物性不可。所以,一般教育学和教学论中的一个重大谬误就是建立了教育活动参与者的主格与宾格。这些"理论建树"又被简单移植到高等教育学或高等教育教学论之中。

现在的高等教育教学活动依然存在何为"中心"的问题,这种争论都没有脱离"中心主义"的框架,无论是"以教师为中心",还是"以学生为中心",抑或是"以知识为中心",都没有揭示高等教育教学活动的本质,其理由有二:一是这些理论基础源于一般教育学和教学论,以基础教育为主要研究对象的理论成果只能是"一般",不能完全适用于高等教育这种"特殊"性;二是高等教育教学活动中的人的地位无论是从瞬时性还是从长远性来看,是相互变化的,明确谁为中心毫无意义,其显著特征就是活动的主体间性。

从价值论观点来看,高等教育的教学活动客体就是教学活动本身。教学活动作为一种综合性社会事务,能够满足主体的各自需要。而且,该活动的上位主宰是制定教育目标和举办学校的人或组织,他们要实现目标和价值,就必须以教学活动这种方式来体现;活动的下位主宰就是无限的物化条件,如相关的知识、教学设施、教学组织与管理者等,其价值都需要在这种活动中实现交换。

高等教育教学活动是一种主体性活动。以往对于高等教育教学活动的认识是一种"捷径式"观念。在精英化时代,这种观念无论正确、错误都无关宏旨。特别是我国现代高等教育一直在"超精英化"状况下发展,一方面是这种理论适用人群非常之小,即使按照理论设计错误运行了都不会有什么大的社会影响;另一方面是在实际教学活动中,一些不照章办事的教学活动参与者即使取得了理想的成效,影响面依然小。总之,高等教育精英化时代的教学活动参与者只是社会的"小众",其活动有无规定章法或是否按既有理论运行都无关紧要。因此,那些被嫁接到高等教育领域来的理论、观点、模式都当不得真,更不应被奉为"经典"。真正的高校教学活动理论建树必须立足高等教育本身,并在科学的哲学理论指导下进行。

三、高等教育的价值实现

价值实现是主体论研究的一个新视角。以前的主体论重点研究价值本身,主要从价值构成、价值生成、价值变异等方面入手。价值实现就是突出价值的实践属性,使原有的价值如何从潜在状态变为行为表现。高等教育作为人类社会教育生活的一个阶段或直接就是一种人类社会生活,其根本目的就是价值实现——主体的价值实现、对象的价值实现、活动的价值实现。就主体的价值实现来说,有学生为实现个体全面发展的价值诉求,教师为达到成就认可与事业发展的价值诉求,学校为体现社会功能与发展力的价值诉求,政府为提高国际竞争力而发展高等教育的价值诉求,社会有寻求人人发展、人人公平、人人贡献的价值诉求等。高等教育活动对象的价值实现就是实现知识育人、功能服务。活动本身的价值实现就是培养教师和学生共同探索社会、自然和人类自身的发展规律,并进行相关认识和探索实践。

第五节 高等教育教学方法创新的原则

建构高等教育教学方法创新理论是为了推进高等教育教学方法的创新实践。高等教育教学方法创新的原则以基本创新理论为前提,按照激化矛盾冲突、假设科学有效和追求教学效率最大化的基本规律,指导和规训创新实践的准则。以适切性为特征的创新原则和以有效性为特征的创新目标是不断发展变化的,不是一种判断教学方法的价值标准,它们在不同教学情境下有不同的遵循要求,绝不可一概而论,否则就会抹杀高等教育教学方法的复杂性和丰富性。

一、科学性原则

高等教育教学方法创新,无论在方法论层面还是在具体的教学艺术与技巧层面进行,首先必须是科学合理的而不是随心所欲的,是科学性与艺术性的统一。同时,创新活动还必须符合相应学科规训和教育学科规律的基本要求,违背任意一方面的基本规定,不仅不能达到理想效果,还会诋毁教学方法创新的本来面貌。为了做到教学方法创新符合科学性原则,在创新活动实施之前,就应当对创新活动的实施及结果有一个基本评估,使其尽可能合理一些,操作更便捷一些。

二、相对性原则

创新本来就是相对于原有状态而言的,任何创新都不可能达到绝对的最优、最佳、最美、最先进的程度。教学方法创新的相对性,是针对人类既往所使用的一切教学方法而言,就总结和继承传统教学方法合理成分而开展的相对完美的创新,没有过去就不可能有教学方法的创新,无论从具体形式还是从组合方式及所产生的后果,只要取得了相比以前更好的效果,就是成功的创新实践。特别重要的一点就是,真正的教学方法创新必须是能够推广的,而不是"独门绝技"。以前的很多教学方法创新,虽然在个别或局部产生了比较理想的成绩,但是推广价值不大,影响面小。这是我们开展教学方法创新所必须坚持的一项基本原则。否则,一切创新都会成为过眼云烟,不会给高等教育教学留下有价值的经验和财富。

三、适切性原则

教学方法创新的基本要求是符合教学需要,创新是实实在在的实践活动,不能有理想主义的侥幸心理。教学方法创新设想一定要适合教学内容、教学对象、教学目标及教学时代与环境的需要,不同方法适应不同内容、主体、目标、环境。因为高等学校的基本教学要素几乎时刻在变化,这就要求教学方法创新活动也必须每时每刻、无处不在。即使是同一个教学内容、教学目标和教学时空,学生的情况也各不相同,教师可以尽最大努力在教学中采用多样化教学方法改变教学进度。

四、开放性原则

高等教育教学方法创新需要有一个开放的环境和宽容的氛围方能顺利进行,现有的各种管理、评价、考核制度不是鼓励教学方法创新,而是限制甚至是扼杀了教学方法创新。就教学方法创新的内在需要而言,一是要有开放的视野,不要仅在教育学的圈子及已有高等教育学圈子里打转,创新就是突破和超越,站在井底就超越不了井口的视野,因此鼓励多学科、多领域、多国度的学习借鉴,当然这种学习借鉴必须是认真消化了的、切合高等教育教学基本要素需要的。二是在教学管理上对待教学方法创新必须是开放的,不要把课堂规定得太死,课堂就是教师和学生的课堂,要提倡把课堂还给教师和学生。三是在教学方法创新结果及评价方面也必须持开放态度,既然是创新,就要允许有多样化结果,甚至容忍失败,不能用传统的结果观念和标准考量创新的教学实践活动。同时,在评价某位教师的某门课程的创新价值问题上,也应该科学地看待评价主体的认识能力及其当下的感受,有时当下的感受可能是不真实的,需要很长一段时间加以内化、比较以后才能做出客观的评价,所以不应一味追求课后即时评价。对教师来说,所谓的教学风格主要也是运用教学方法的相对固有模式,这种模式不在于让学生对每一次教学活动都感受深切,而是一定要有所变化,有所改进,风格是在一届又一届的学生事后评价中产生的。

第二章 高校课程建设与管理

第一节 课程的含义

高校课程是教学活动开展的依据,教学过程就是按照课程计划,通过师生的互动,实现课程各项教学目标的过程。

一、课程的基本观念

所谓"课程",是指课业及其进程的总和,即为实现某教育目标而选择的教育内容和进程的总和。它由一定的育人目标、基本科技文化成果及教学活动方式组成,以指导育人计划和引导学生认知、掌握某种技艺、提高能力和素质。

课程是一个发展的概念,其内涵和外延随着社会的进步和教育的发展而变化。一般来说,对"课程"的理解有广义和狭义两种。狭义的课程常指被列入教学计划的各门学科的范畴,及其在教学计划中的地位和开设进程的总和。这是用系统的、科学的、全面的观点和目光来看待课程的。广义的课程是指学校有计划地引导学生获得预期的学习成果。显然,与狭义的课程观相比,广义的课程既包括教学计划(培养方案)内的,也包括教学计划外的;既有课堂内的,也指课堂外的;既指显性的,也含隐性的;既有理论性的,又有实践性的。总之,广义的课程观把课程与学生的全面发展联系了起来。现代课程应包括学生成才所必需的认知经验、道德经验、审美经验和健身健心经验诸要素。

课程既然是教学内容(课业)及其进程的总和,那么高等教育的课程就不仅包括理论教学的内容,还包括校内外实践教学活动。所以,高等教育的课程是其教学计划、教学大纲及教材所规定的全部教学内容和教学活动的总和。

二、课程分类

高等教育的课程,可以从不同的视角来分类,并具有多种多样的类型。

(1)以哲学观为标准可把课程分为学科中心课程、学生中心课程、社会中心课程,如表2-1所示。

表2-1 以哲学观为标准的课程分类

课程分类	简述
学科中心课程	以学科为基础组织起来的各门学校的课程形态的总称。认为学生的发展要以科学知识的传授为基础,依赖科学知识的掌握。课程强调学生在理解学科的基本要点的同时,掌握科学方法
学生中心课程	强调学生的需要、兴趣和学习目的。课程的组织以学生为中心,重视学生在所经历事情中的个人体验。注重培养学生的学习兴趣、学习需要和学习动机,把动机作为组织教学的中心
社会中心课程	强调对社会的适应或改造,把重点放在当代社会中人们迫切关注的、有争议的问题上,课程致力于建立一种新的社会科学文化,甚至是一种新的社会秩序

这三种课程各有优缺点。学科中心课程是以文化遗产和系统的科学知识为基础建立起来的各门学科的最传统的课程形态的总称。各门学科都具有自己的逻辑和系统,是独立、并列地编成的,根据不同学科的

相关性排列组合，按一定顺序开设。学科课程的最大优点是系统性、逻辑性和简约性，可以高效地传授系统的科学文化知识，有利于学生学习和巩固基础知识，掌握系统的科技文化知识；其缺点在于，它是人为的"分科"，缺乏内在整合性，在某些方面忽略了知识的联系性，从而割裂了学生的理解力或领悟力，容易脱离学生的兴趣和生活实际。目前，学科课程仍然是世界各国高等教育广泛采用的一种课程类型。

学科课程另一方面的问题是对学生本体关注不够，忽视学生的个性发展。学生中心课程则相反，其有利于学生个性的发展。它从学生的兴趣、需要出发，以学生现实智能为基础，组织课程教学，便于调动学生的主体精神和积极性，有利于个体发展和个体经验的整合，从而使学生的个性得以较全面的发展。这类课程的实施，以组织活动较多，以经验积累为主。因此，学生中心课程又称为活动课程或经验课程。其缺点是容易忽视理性知识的系统性，偏向实用主义。

社会中心课程主要强调课程的社会功能，对人的发展与知识的传授均以适应或改造社会为准则，带有明显的工具主义倾向。

（2）从课程是否列入教学计划的角度出发，可区分为正式课程和IE正式课程。前者为正式列入教学计划的课程；后者是渗透在正式课程，以及学校制度、校园文化、师生交流和校外实践活动之中对学生起潜移默化作用的"课程"，给学生在道德、行为、价值观、情感、态度等诸方面以潜在的教育和影响。

（3）从课程的层次结构上划分，则可区分为公共基础课程、专业基础课程和专业课程。

（4）从课程对某一专业的相关性和适用度来看，又可区分为必修课程、限选课程和任选课程。

(5)根据课程是以传授科技知识为主还是以训练技能、技艺为主,还可把课程区分为理论型课程和实践型(或称实训型)课程。

(6)根据课程规模大小,也可将课程划分为大、中、小和微型课程。

(7)根据课程在教学计划中的地位和作用,将课程区分为核心课程、主干课程和一般课程。

(8)按照课程开设的时间关系(内容衔接关系),又可区分为先行课程和后续课程。

三、艺工融合高校课程的基本特征

艺工融合高校课程与其他高校课程相比,有许多明显的特征,如专业、行业针对性强,对社会需求反应快,强调课程的应用性,强调能力和技能的培养,课程制订与实施多元化,等等。

(一)专业、行业针对性强

艺工融合高校课程必须有很强的专业、行业的针对性。课程一方面必须紧密针对有关专业、行业领域的业务活动,使大学生真正掌握专业、行业必需的基本技能及相应的知识,具有较强的专业针对性;另一方面,由于区域经济发展的不平衡及行业技术水平的差异,课程目标又要带有区域特色和行业特点,因此又要有行业的针对性。

(二)对社会需求反应快

社会需求是艺工融合高校课程的出发点,使课程的针对性必须适应社会发展的速度,根据社会对人才需求的变化,做出最快的反应,才能培养出社会各行各业所需要的合格人才。因此,艺工融合高校课程更新的周期远比理论本科教育快得多。

(三)强调课程的应用性

艺工融合高校教育是应用学科教育,要求"学以致用",培养应用型人才,这就要求在课程内容和实施环节上强调紧密联系、实践,训练应用能力和操作技能。在选择和组织课程内容时,要紧密围绕典型的或主要的专业活动,将专业知识按认知规律展开,方便大学生理解、掌握和应用,更具有艺工融合的特色。

(四)强调能力和技能的培养

一方面,大学生毕业就能履职顶岗工作,或者经短暂适应期就能熟练地适应岗位工作,是现代用人单位对大学毕业生的要求。因此,艺工融合院校中实践性课程必须占有相当大的比重;同时,理论性课程也要配有足够的实践性环节,以加强实际操作能力的训练。

另一方面,艺工融合教育培养的不仅仅是职业者,而是能生存、会发展的活生生的社会人。他们不仅能在当前岗位很好地工作,而且能在工作环境常变、岗位流动性增强的当今社会,具备不断开发自身潜能和适应岗位、职业变化的能力。因此,艺工融合教育的课程也要重视大学生的职业通用能力的培养;注重开发或挖掘自身潜能的培养;注重个性发展与人格完善。

(五)课程制订与实施多元化

艺工融合教育的特点决定了课程的开发、制定和实施的主体多元化特征。很多院校设有由企事业界人士和教育界人士组成的专家委员会，负责制订专业教学计划和课程标准，审查和评估所设课程及实施方法。这是因为来自用人行业的专家对于社会职业岗位及职业内涵变化最为敏感，能把社会对教育的要求较快地反映给学校；同时对大学生的业务训练，学校难以承担，而通过聘请企事业专家积极参与课程实践，可以加强学校与企事业、行业、社会的密切联系与合作，吸引社会教育资源，实现产学研的真正结合。

四、课程的结构要素

对于艺工融合教育课程而言，需要研究其五个方面：确定课程目标、选择课程内容、组织课程内容体系、课程实施和课程评价。可把这些看作课程的主要结构要素。

(一)确定课程目标

课程目标是课程的预期学习结果，包括学完课程之后，高职生要获得的知识、智能、技艺、态度、情感等。课程目标应是专业教育目标的重要组成部分，由专业教育目标细化而来，同时要考虑高职生的现有素质；行业、职业及岗位的需求，课程专家和学科专家的建议；国家、地方的教育方针政策，以及学校所具备的开课条件等。确定目标之后，就要对其进行尽可能详细而明确的描述。

(二)选择课程内容

选择课程内容即根据课程目标的解读，选择能达到这些目标所需的知识、技能、通用能力和职业能力等内容。这就要求做好职业分析。职业分析是高等职业教育课程内容选择的基本方法。它是对某一职业或行业深入进行调查研究,弄清所要求的技术知识、操作程序和操作技能、工作态度和情感等,编成任务目录。在此基础上,选择课程内容,选择或编写教材,选择实验、实训或实习活动。

(三)组织课程内容体系

组织课程内容体系,可以从课程内容本身的逻辑结构、活动的自然顺序、心理学顺序、学生的学习背景与需要、兴趣等不同角度进行。目前,课程内容的组织主要来自应用学科的逻辑结构,还应当关注职业、行业活动的自然顺序。

(四)课程实施

课程实施即将选择并组织好的课程内容付诸教学实践。课程的实施,不仅要求教师要注重新的教学方法与教学手段的运用,搞好教学设计,讲究教学策略和教学艺术,而且对艺工融合院校的师资与设施以及各种实训条件也提出了较高的要求。

(五)课程评价

课程评价即对所实施课程的过程和结果进行评价,以确定课程实现其目标的程度,同时提供反馈信息,为课程的进一步改进与完善找到依据。评价可分为内部评价、外部评价。内部评价是指学校对课程开发、制订过程、实施过程、课程目标达标度、课程体系的完整性进行评价;外部评价是指由校外机构根据学校所培养出来的人才技术水平做出评价。评价机构可以是政府教育行政部门、社会用人单位或中介机构。

艺工融合教育课程与专业设置是密切不可分割的。不同专业之间课程设置有差别,同一专业不同的专业口径(或方向)也会对课程设置有所影响。因此,要研究艺工融合教育课程,必须研究相对应的专业设置。

第二节 课程建设的实施

一、课程建设方法与途径

(一)加强课程建设的组织领导

学校教学工作委员会是课程建设工作的领导机构,要切实加强对课程建设工作的领导、组织、指导和监督。学校教务处是课程建设工作的具体工作机构,对全校课程建设工作进行总体规划,制订相关政策,明确课程建设评估指标及标准,进行宏观管理、监督、检查和验收等。系(部)要成立课程建设小组,对本系(部)承担的课程建设做好计划,确定重点,组织实施。

(二)制定课程建设规划

高校应根据自身的专业定位与特色,规划课程建设,开展课程建设工作。按照人才培养目标要求,制定课程改革与建设方案,通过课程建设带动其他工作,从而提高学校整体教学工作水平。

(三)树立整体课程建设观

树立整体课程建设观,对各项课程建设工作进行有机整合与整体推进,提高综合建设效果。充分考虑前后课程的衔接,实行专业课程结构体系改革,在课程内容与教学方法结合上,应符合高校人才培养模式的要求,深化理论教学改革,加强实践教学,重视对学生专业素质和能力的培养,形成特色的课程建设。

(四)一般建设与重点建设相结合

在课程建设中,采取一般建设与重点建设相结合的方针。高校的课程建设,要在科学规划的基础上全面开展课程建设,同时应根据学校的专业建设特色,有计划、有重点地加大重点课程建设的支持力度,力争建设好一批重点课程和精品课程,以此推动学校课程建设的特色化、科学化和现代化。

(五)实行分级分类建设与管理

为了调动各级办学组织的积极性,课程建设可以采取分级分类建设与管理的办法。国家级、省级、校级课程及国家级精品课程建设以学校为主负责建设和管理;一般性课程以系为主负责建设和管理;文化基础类课程(包括实验课程)主要以学校为主组织建设,专业课程与专业实践课程主要以院(系)为主组织建设,形成分级分类建设与管理体系。

(六)校企合作共同建设

高等教育应用性专业培养的是生产、建设、管理和服务一线的高等技术应用性人才。显然,用人单位最清楚生产一线对人员的知识、能力和素质的具体要求。因此,加强校企合作,请企业工程师、技术员、管理者和经验丰富的技术工人参与学校课程建设,会使课程建设的内容等方面更贴近生产实际,更具有针对性,从而使学生的知识、能力和素质更符合企业的需要。

(七)建立课程建设激励机制

学校定期进行课程建设情况的检查、评估和等级认定,并对课程建设成效突出的单位和课程组成员给予一定的奖励,对课程建设成效差的给予相应的惩处。

二、课程建设改革与创新

课程建设改革与创新是高校课程建设长期而艰巨的任务,也是提升高校课程建设质量的重要内容,需要认真地探索。

(一)树立能力本位的课程建设观

应用性专业教育的鲜明特点决定了高校培养的是高素质专业型或者复合型人才,采取能力本位的课程观有利于突出学生科技应用能力的培养。所以,课程建设应树立能力本位的课程建设观,以适应社会需要为目标、以培养综合应用能力为主线设计学生的知识、能力、素质结构和培养方案,以市场需求为导向、以职业岗位(群)为依据确定课程建设内容,培养适应市场需求、企业欢迎的高素质人才。

(二)进行课程整合

对现有的高校课程进行整合,既是科学技术发展到一定阶段的客观需要,也是高等教育自身发展的客观规律。科技发展及各学科相互之间的交叉与复合,职业与职业之间相互渗透与融合,迫切需要对高等教育的课程进行整合。从高等教育的现实情况出发,高校课程的整合重点应放在专业基础课程和专业课程上。专业基础课程的整合,主要围绕"支持相近的多个专业的专业课程"这个特定的教学目标要求展开,通常整合后的专业基础课程所涉及的"面"比较宽;专业课程的整合,主要围绕"承担该专业的主要工作任务"这个特定的教学目标要求展开,通常整合的专业课程所涉及的"点"比较深。

在课程整合的过程中,应把握以下基本原则,即围绕特定的教学目标要求,去掉重复的部分,合并类似的部分,删减烦琐的部分,扬弃过时的部分,保留个性的部分,增加先进的部分。

(三)加强精品课程建设

精品课程是高质量的示范性课程,是高校课程建设的"排头兵"。开展精品课程建设有利于促进课程建设在内容、方法和手段等方面进行全面改革与创新,对高校课程建设整体质量的提高有重要意义。加强精品课程建设应注意处理好传统与特色、规范与创新、内容与方法、基础与专业、教学与科研、"点"与"面"的关系,把握好授课、讨论、作业、辅导、实践、考试和教材等关键要素,以精品课程教学改革为突破口,构建课程教学内容体系,将精品课程建设与培养教师素质,特别是教师教育教学素质等统筹考虑,并要充分发挥学校等各方面的积极性。通过精品课程建设,全面带动学校的课程建设工作,从而推动高等教育教学质量迈上新台阶。

第三节 课程开发

一、课程开发概述

课程开发属于课程建构问题。与之相关的术语,还有课程设置、课程设计、课程编制、课程研制、课程建设、课程实施、课程评价等。这里主要诠释课程开发的概念,并简论与其相关概念的关系。

(一)课程开发的概念

中外学者为课程开发下了多种定义。综合这些定义可知,课程开发是指产生一个完整课程或一系列完整课程的全过程。课程开发是属于课程范畴的实践活动,是一个连续的、动态的构建新课程或革新课程的分析、规划、设计、实施和评价的实践活动过程。

目前比较公认的课程开发概念是指在一定的课程观指导下,产生或构建一系列课程方案与课程文件的全过程,包括课程调研分析、课程编制、课程设计、课程实施、课程评价等环节。

(二)课程开发系统

从系统论的视角来看,课程开发也是一个完整的系统。课程开发系统的组成要素有以下五点：

(1)课程开发主体即实施课程开发的主导者和参与者。一般来说，课程开发的主体具有多元性，包括各级政府的主管教育部门、企业、学校、教师、课程专家、教学专家、职业或行业专家及其他参与开发的人员。

(2)课程开发对象即课程，包括课程体系和课程。课程体系也称为课程方案或人才培养方案，由一系列课程组成。

(3)课程开发机制包括课程开发的组织机构，开发规则和制度、工作方法和程序等。

(4)课程实施即对开发的课程进行试行和检验。

(5)课程评价即对开发的课程及其实施过程、结果进行价值判断。

(三)课程开发的层次与类型

按照课程开发的主体和对象来区分，可以分为国家开发课程、地方开发课程、学校(或学校与企业)开发课程、教师开发课程，可分别简称为国家课程、地方课程、校本课程和师本课程。课程开发层次如表2-2所示。

表2-2 课程开发层次

开发层次	说明
国家开发课程	由国家教育主管部门主持、主导开发的课程，如我国高等教育和高职教育的政治理论和思想道德教育课程，常简称为"两课"，即国家开发课程
地方开发课程	即由省、市地方政府教育主管部门组织开发的课程，如大学英语、高职英语等课程

第二章　高校课程建设与管理

续表

开发层次	说明
学校开发课程	即学校组织的课程团队开发的、具有学校特色的课程,现在高等院校各自开发的专业课程多属于这类课程
教师开发课程	由教师本人自行开发的独具特色的任选课程,就属于这类课程。实际上,国家开发课程、地方开发课程、学校开发课程在教学设计和实施过程中,经过教师本人按照新的课程观和教学观进行再开发、再设计,所形成的独具特色的课程,也可以归为教师开发课程

在现实课程开发中,这四个层次是互相关联的。换言之,有的课程可以逐层逐级开发,可以自上而下地开发,也可以自下而上地开发。

(四) 课程开发的原则

任何课程开发都要遵循一定的原则。

1. 课程设置中的专业指向性原则

高等教育是一种专业性教育,专业课程设置应具有很强的从业指向性或针对性。

2. 开发主体多元性、多层次性原则

高等教育具有社会公益性和鲜明的专业性,其课程特别是专业课程的开发与决策,不能"闭门造车"。专业课程的开放性、实用性,使课程开发的主体必然带有多元性的特点。也就是说,课程开发的主体包括国家、地方教育主管部门,行业代表,学科专家,课程专家,高等院校领导和教师等,可以充分发挥各方的积极性。虽然在课程开发的不同阶段,各

类人员的参与程度、作用不同,但原则上每一阶段都需要多方面的相关人员参与。

3.目标的明确性、灵活性和衔接性原则

无论是整个课程系统,还是每门课程,都要有明确的目标、宗旨和指导思想,以便高瞻远瞩,全面驾驭课程的开发、设计、实施和评价。课程系统的总目标、分目标和子目标,都应力求具体化、行为化和可操作化。总目标的表达可参照行业特点,但课程的分目标和子目标要尽可能地强调可操作性。所有课程的开发都要以目标为中心来展开。目标本身必须是合理的、经得起推敲和检验的,能充分反映专业结构、岗位要求、大学生学情和学习风格等,专业核心课程的开发要与大学生就业与发展的能力需要相匹配。

作为为培养目标服务的大学课程系统(如课程的开发),在课程内容和课程资源的开发方面,都要有一定的灵活性,才能保持活力。课程开发应充分注意课程系统内各个课程之间的结构关系,保证课程纵、横向衔接,既要防止彼此脱节,又要防止不必要的重复。课程开发的这种承接性原则,也称为关联系统原则,决定着课程中目标、内容、实施、评价的关联性、一贯性和有效性。

4.理论精炼性原则

专业课程需要一定的技术理论知识和科学理论知识作为支撑,以便使操作知识和操作技能有所加深和拓宽,但又要做到少而精。"少"应以够用为度,使操作知识和技能的学习获得足够的支持;"精"要以使用为准绳,即着眼于操作知识和操作技能达到精熟,能"举一反三",灵活应用。

5. 结构的核心化原则

模块化的课程结构是把课程内容划分、编排成若干便于灵活组合的单元(技能单元、知识单元、情景模拟单元等)。同一模块既可供一个专业使用,也可以供几个专业使用,大学生可以根据其需要、兴趣选用不同的模块,也可以增减模块。

6. 资源开发多样化原则

课程开发要充分注重课程建设,广泛运用各种载体,开发和利用各种课程资源,包括图文载体、录音、录像、多媒体、网络等现代教学媒体,实训培训基地或实习工厂。因而,课程的载体和形式必然是多种多样的,载体的形式可以是真实的,也可以是仿真的或模拟的。

7. 评价的适时性原则

专业课程开发是一个开放的系统,也是一个实践性很强的系统,因此对其每一步、每一环节,都应注重反馈调节,诊断状态,发现问题,不断推出更加合理有效的调整方案,逐步逼近最优课程,所以适时评价是不可或缺的。

8. 开发信息性原则

专业课程开发是一个不断尝试的过程。在科技高速发展和信息发达的当今时代,课程开发信息的收集和研究是保持课程开发最优化和先进性的基础工作。不仅要收集研究已有的信息,还要不断地发现问题,开展面向未来的研究,使课程开发高瞻远瞩,并具有一定的预见性。

二、课程开发的方法与流程

(一)课程开发的方法

(1)学科课程开发根据学科知识体系和逻辑,进行课程内容、体系的选择和组织。

(2)专业课程开发采用工作系统分析法进行。工作系统分析(包括典型工作任务分析和工作过程分析)是专业课程的重要基础,其本质上是一种分析和确定某种专业所需能力的方法。

课程体系结构方案和课程的开发,是一个很复杂的过程。可以将该过程细化为若干环节组成,形成一个完整的课程开发流程:学科分析—学情分析—课程资源分析—课程体系结构—目标分析与建构—课程内容体系设计—课程实施—课程评估。

(二)课程开发的基础分析

从相关领域人才需求分析着手,这个分析可称为课程开发的基础分析,包括人才市场需求分析、学科体系分析或行业工作体系分析、学生分析和课程资源与环境分析。

(1)人才市场需求分析应以高校服务面向的经济、社会和技术发展现状与趋势为基础,以便了解面向服务的产业结构调整和优化发展的情况、人才需求状况和实际要求。

(2)学科体系分析或行业工作体系(工作任务和工作过程)分析包括分析、选择和组织课程内容。

(3)学生分析是极其重要的分析,但往往被忽略了。这项分析应特别关注社会转型过程中人的社会心智和大学生源群体的特征(学习的基础和心态,学习风格等),要特别强调对个人特征和先期经验评估的重要性,这是以大学生为中心的教学过程的真实基础。

(4)课程资源与环境分析关系到高校课程教学场的构建(当前比较重视的是硬件——教学设备等各项物质条件的建设,而课程人文环境的构建却常常被忽略),在高校课程开发的路径中,应特别突出强调市场调研和工作系统分析的重要性。

(三)专业课程体系结构方案的开发

(1)确定专业培养目标和课程目标专业培养的总目标,以及课程目标和学习目标(目标体系)。

(2)构建各门课程的内容和结构。

(3)编制课程开发、设计、实施和评估等指导性课程教学文件包括以下两点:

①专业课程体系结构方案,即专业人才培养方案,又称为专业教学计划。

②课程标准,或称为课程教学大纲,用以进行课程教学设计。

专业课程体系结构方案一般应包括课程名称、适用专业、课程性质、课程目标(能力目标、认知目标和情意态度目标)和课程内容结构体系与要求。

(四)课程教学设计

课程教学设计包括课程整体设计和单元课教学设计。在制订课程教学文件时,必须充分发挥课程开发多主体的综合作用(如前所述)和课程团队的作用,以及校领导的决策职能和教学管理职能部门的课程管理作用。

(五)课程资源开发

课程资源开发包括软、硬课程资源的开发,以构建完善的课程教学场,保证形成生机勃勃、浓郁的学习气氛(人文环境)。

1. 硬件课程资源的开发

教师要充分运用校内外教学场所、实验、实训、实习场地或场所,开发每个单元、每节课的课程教学的硬件资源,和学生共同建构真实的或仿真的教学情境,形成良好的课程学习环境。

2. 教学媒体的选择和设计

在具体地实施课程单元教学过程中,教师应当根据课程目标、任务和能力培养特征,合理地、择优地选择有关媒体或者有效地组合利用媒体,以保证"理实一体化"课程的有效实施,确保教学媒体与工作经验和学习经验的统一。当然,根据能力培养、工作规范化等要求,采用动画技术、虚拟现实技术和典型工作情境、自制 PPT 课件,可以更好地体现教学情境的真实性和直观性。

3. 开发课程教材

由于习惯的因素及现有课程资源开发的整体状况,课程教材(纸质的、电子介质的)在各类课程资源和课程媒体的开发中仍占有重要地位。

(六)课程教学实施

教学实施可以在真实的工作环境中或仿真的工作环境中进行,教师和学生共同构建教学情景,展开教学过程。因此,这样的课程必须将校内外实验、实训、实习基地作为依托,充分开发和利用课程资源。同时,在课程的实施过程中,充分调动学生的主体性,使他们主动地行动起来,当好教学的"主角",教师则要做好"导演"的工作。

(七)课程教学评估

教学评估是教学实施过程中或之后的重要环节。应当采用多种评价手段,分析学生知识技能发展的状况。各种课程都要注重形成性评价,其中应用艺术专业课程最易采用形成性评价。要把学生自评、互评和师评紧密结合起来。

第四节 课程整合

一、课程整合概述

所谓"课程整合",就是将相关的课程进行整合,将它们"结合在一起、融合成一体",形成一门新课程或课程体系。高校课程改革是一个不断进行"分化"与"整合"的过程,即课程整合的过程。专业课程和通识课程、专业课程和专业课程、专业基础课程和专业课程,以及课程本身内容之间等,都需要不断进行"分化"与"整合"。

（1）通过通专课程的整合,使科学教育和人文教育、艺术教育紧密结合,形成和谐的关系,促进大学生更好地全面发展;保证专业课程与公共基础课程配比得当,使公共基础课程成为专业课程教学的可靠基础。

（2）通过专业课程与专业基础课程的整合,确保新型专业课程的建构,更好地提高大学生的综合能力和综合专业素质,确保实现大学生快速就业或自主创业,或继续深造。

（3）通过课程本身的整合,使"新"课程(整合形成的课程)真正具有新的教学模式和教学策略,达到课程的教学目标,使大学生掌握"做什么""怎么做"的知识技能,以及明白"为什么这么做""还可以怎么做"等,保证大学教育应当具有的水平。

二、通专课程的整合

(一)专业教育及其存在的问题

"专业教育"有广义和狭义之分。广义的"专业教育"与高等教育是同义的;狭义的"专业教育"是培养专门人才的教育,是指为大学生从事某一专门领域工作所需要的知识和技能做准备的大学教育。

高等教育的知识和技艺是按专业来划分与设置的,并以分门别类的方式进行。"专门性"是高等教育的本质特征。随着科技的飞速发展,专业的分化日益增多。专门化知识和技能的状态,使得专业之间、专业与基础教育传授的知识之间的距离不断增多增大。这样,就使专业教育出现了一些问题。

第二章 高校课程建设与管理

▶ 1. 专业分割，各自为政

由于专业划分过细，专业之间缺乏融通，导致学生知识、技能领域过于狭窄，知识结构不合理，综合素质不如人意；同时，由于办学模式趋同，专业教育缺少自身特色，导致专业设置及专业教育千校一面，毕业生的质量和结构问题越来越突出，同届毕业生"平淡无奇者多，出类拔萃者少"，相当多的毕业生面临就业难的问题。

▶ 2. 专业教学过程往往脱离学生的学习经验或体验

组织课程的依据在于课程知识的逻辑结构，而忽视了学生的需要、兴趣与个性心理等特征，以及现实社会问题与个体生活经验；忽视了生成性目标，没有摆脱"教师中心""教材中心"的传统模式。教学方法停留在"单向传输"范式上，强调知识记忆，缺乏创新；在学业评价方式上，仍然采用"总结式"和"标准答案"等。

鉴于上述问题，不少学者呼吁改革专业教育，将专业教育与通识教育进行有机整合，加强大学生学习能力、创新能力及专业能力的有效培养，全面提高人才培养质量。

通识教育，现在已经赋予"通识"以新的内涵，可以将"通识"的理解深入人生观、价值观、历史观和审美观领域，集中反映了中国文化对人生学问、知识智慧、道德文章、做人做事等完美境界的追求。

通识教育和专业教育的区别在于，专业教育"往往很难把学生看作知识的主人，很容易把学生当作知识的接收器，只注重教育学生在社会上'做'人的角色，忽略了教育学生做自己生命的主人"；而通识教育的实质，就是让学生认识作为"人"的主体地位和科学精神。通识教育就是要从多视角培养科学精神。

实际上,通识教育和专业教育是教育的两个极其相关的部分。两种教育的性质虽然完全不同,但却不能割裂或对立。许多学者认为大学教育应该整合通识教育和专业教育,使学生既掌握"何以为生"的知识和本领,更领悟到"为何而生"的人生意义和生存价值,将"有限的目的"和"无限的目的"统一起来,达到人的全面和谐的发展。

高校作为培养高级人才的机构,实施专业教育是合理的、必需的。专业化是高校教学和科研有效进行的基础,同时还有强烈的社会驱动;专业化还是物质无限多样化的反映。因此,专业化是社会和科学发展的基本规律之一。

专业教育在促进人的专业素质的发展方面起到了功不可没的作用,是人的全面发展的一个重要组成部分。但是,仅有专业教育或者过分的专业教育会形成人的过分专业化。要避免过分专业化,大学就必须实施通识教育。全面发展的人应当既能体现其工具性价值,更能追求其主体性价值。通识教育正是一种促进人的主体意识觉醒的教育,能使人挺立心志,自作主宰。

综上所述,通识教育和专业教育都是人的全面发展教育中不可或缺的一部分,将两者有效地整合,使它们彼此补充,将促使学生更全面、更和谐地发展。

课程的分门别类是学习知识技能的需要,但运用时还需要在一定程度上整合或综合起来,才能用来分析和解决实践问题。人类认识自然和社会的过程,是一个混沌分析—综合的过程;同时,在各个专业领域,人们面临的问题越来越复杂、深奥,要解决这些问题往往需要合作、协同精神,需要与人沟通协作的能力;在遇到困难、挫折时,还需要缓解心理压力,调节身心状态……这些都需要通过通识教育帮助解决。因此,专业教育需要以通识教育为基础,又需要通识教育来弥补其不足,克服其片面性,以培养出真正高水平的专业人才或职业人才。

与此同时,通识教育也可以从专业教育那里获得裨益,并需要依托专业教育,才能达成其目标。通识教育的"通识"也是相对的。在知识总量急剧增加,新课程不断产生的今天,只能给学生相对的通识教育,即一定专业背景下的通识教育。通识教育不是广泛的面面俱到,而应当在学生掌握比较多的知识的基础上,实行课程的整合,形成知识技能的大局观、整体观。可见,通识教育的这种融合沟通专业的功能,是建立在专业教育的基础之上的。大学的通识教育应该针对学生的需要、兴趣,结合社会的要求,进行指导;必须注重心智的训练,着重洞察、剖析、选择、整合和迁移等能力,使学生能够举一反三,融会贯通,把专业学习过程中获得的知识、技能和能力迁移到实践工作和社会生活中,从而获得更全面的发展。

人们通常认为,科学求真,人文求善与美。但是,两者都以追求真、善、美为理想,是互通的。在大学中,让通识教育和专业教育携手并进,同时以知识技能、德行、价值观等教育学生,关注他们知、情、意的协调发展,便是为科学与人文架构了互通的桥梁。

(二)通专课程整合的目标及高校课程目标体系框架的构建

▶▶ 1.通专课程整合的目标

科学、完美的整合应当促进实现五个统一,即人的主体性价值与工具性价值的统一;人文精神与科学精神的统一;理智训练与技能训练的统一;学问修养与人格修养的统一;显性影响与隐性影响的统一。

2.高校课程目标体系框架的构建

高校教育目的应当包括育人目的、经济目的和社会目的三个方面。具体到课程目标,如表 2-3 所示。

表 2-3 课程目标体系

教育目标	课程目标	
人的目标 (完美的个体)	知识目标	科学知识、意会知识、能力知识、信息知识
	能力目标	沟通能力、综观能力、批判思维能力、学习能力
	情感态度 价值观目标	情绪控制、自我感知、自我激励、持续学习的动机、审美观念、世界观、人生观、价值观
	动作技能与 健康目标	保健和运动知识、运动技能、生活习惯
经济目标 (专门人才)	专业知识	专业知识、专业技术知识
	专门能力	概念能力、技术能力、统整能力、职业能力
	专业态度	专业身份、专业伦理、专业关注
社会目标 (公民)	公民教育	公民道德、行为规范、社会责任与义务等
	道德修养教育	个人与社会、个人与他人、社会公德与个人修养

3.大学通专课程

大学通专课程的整合原则。大学通专课程的具体整合,还包括以下各方面的整合:课时比例的整合,确保通专课程配比合理和优化;内容上的整合科学合理,保证通专课程紧密衔接、配合和呼应;课程实施的整合,如教学模式和教学策略等协调一致。

三、课程之间的整合

大学课程之间的整合,包括专业课程之间、专业课程与专业基础课程之间、专业基础课程之间的整合,这一大类课程整合统称为专业教育课程整合,可以运用前述高校教学建设与管理课程开发方式来解决。

(一)课程整合的要求

课程整合的要求包括:广泛性和够用性,要求知识面广;实用性强,理论知识应为应用性强的或者属于应用理论的知识;综合性强,即多为经过整合的跨学科的、多门类的知识;基础性和辅助性,作为专业技术能力和关键能力培养的基础知识、背景知识和延展性知识。

从总体上看,课程的整合重点应放在理论知识的选择和准确把握上,并以灵活的方式进行,不必局限于原学科课程内容体系的框架。只有这样,认真按上述"四性"要求,才能使课程成为课程结构体系中和谐的组成部分。因此,在"整合"时,要掌握下列各点:

(1)所选的理论知识,对技术应用能力的形成是强有力的原理背景的支撑。

(2)正确而恰当地处理理论知识的广度与深度的关系。

(3)所选的理论知识,对学习者积极适应现实社会需求和科学发展需求有直接的关联性,即兼顾学习者的现实需要和未来发展需要。

(4)所选的理论知识,有利于大学生精神品质、思想境界和职业道德、行为的构造和养成。

(二)课程整合的方向

课程的类型有很多,整合趋势和方向也有各自的特点,归纳如表 2-4 所示。

表 2-4 课程整合类别

类型	概述
素质理论类	如针对思想道德素质养成的政治理论、道德理论、法制知识等课程;针对人文素质养成的高职语文、应用写作、艺术鉴赏与修养、文化与历史类课程。一般仍以学科知识体系出现,但要突出本科教育的特点
科学理论类	如作为专业教育课程的基础、背景,拓展的数学、力学、经济学、科技史、文化发展史、环境科学等课程。整合时常要打乱原有的学科体系,围绕专业需要重组新课程,如数学可整合为工程数学、经济数学、生物数学;经济学可整合为工业经济学、贸易经济学等
技艺知识类	往往整合为"实务"课程

(三)课程整合的方法

学科课程整合的方法,可以借鉴创造学总结的最重要的创造技法之一的组合创造技法。组合类型有多种,如目的组合、功能组合、性质组合、思路组合、方法组合、形态组合、结构组合、原理组合、部分组合、整体组合、程序组合、多角度与多途径组合、超时空组合、跨学科与跨领域组合,甚至还有不合逻辑的组合等,整合类型也有所类似。

课程整合有多种方法,至今已有很多有效的整合法,如表 2-5 所示。

表 2-5　课程整合方法

整合方法	概述
课程要素整合法	设计一种课程,使得相关的概念、理论、内容、过程等集中在一起,并以学习者学习为中心进行整合
"实际需要"整合法	围绕培养专业能力需要,将有关理论知识和技能实践知识有机结合或融合起来
主题整合法	围绕一个主题(如一个产品),将设计、材料、工艺等多方面、多学科的知识和技术整合为一门课程
关联整合法	将两个领域(或若干领域)相关联的内容整合起来,强化或突出某个领域的内容,如数学、物理、化学与工程技术的关联,计算机与工程制图的关联等
融合整合法	将多门课程的内容融合为一
任务本位整合法	将知识与技能综合运用到解决实际问题的情境中
价值融合整合法	大学教育课程的价值融合,指的是将科学技术知识、人文素质理论与当前社会联系起来,传达先进的价值观,从而追求伟大的社会理想。这是社会本位课程理念的反映。目前最具有代表性的价值融合,有三种课程,如表 2-6 所示

表 2-6 价值融合整合法

课程类型	概述
科学—技术—社会课程	该课程的设计与实施,是建立在科学、技术与社会交互作用的价值观基础上的。自然环境、人造环境和社会环境是交互作用的,与之对应的科学、技术和社会也是交互作用的。如果科学技术陷入盲目发展的误区,就会带来自然环境的破坏和社会的异化。因此,学习者必须将个人经验与科学技术、社会交互作用的动态系统有机、紧密地结合起来,才能适应现代需要的发展
环境课程	该课程产生的背景,是地球生态环境的破坏和人类生活环境的日趋恶化,这是不争的现状。建构该课程的目的是唤起人类的环境意识,理解或领悟人与环境的关系,发展解决问题的技术和技能,树立科学的环境价值观
国际理解课程	随着科技的发展,人类进入了全球化时代。该课程是一种以多元文化理解和全球意识为本位的课程,它以尊重不同国家、民族、文化间的差异为前提,主张相互理解,加强交往与合作,以建立和谐的世界

价值融合课程的融合方式主要有以下两种:

1.渗透模式

渗透模式即把价值观的目标与内容渗透各个课程之中,使之成为各课程相互关联的核心。

2.跨学科重组模式

跨学科重组模式即以价值观为核心,打破不同学科之间原有的界限,把相关内容整合起来,重构一些新的课程,如生态课程、职业生活课程等。

价值融合的这种方式也可在项目课程中应用,这可以提升课程的教育功能和课程内涵的丰富性和深刻性,如科学发展观、和谐社会观、科技价值观、科技道德观、"天人合一"观。

第五节 精品课程建设

一、精品课程建设及建设工作重点

(一)精品课程的概念

精品课程是具有一流导师队伍、一流教学内容、一流教学模式、一流教学策略、一流教学资源、一流教学管理等特点的示范性课程。精品课程建设是高校教学质量与教学改革工程的重要组成部分。

(二)精品课程建设的工作重点

▶▶▶ 1.制定科学的建设规划

各个高校在课程建设全面规划的基础上,根据学校定位与特色,合理规划精品课程建设工作,并以精品课程建设带动其他课程建设,以提高学校整体教学水平。

2. 切实加强教师队伍建设

精品课程由学术造诣较高、具有丰富授课经验的教授主讲,并通过精品课程建设逐步形成一支结构合理、人员稳定、教学水平高、教学效果好的教师梯队,且按一定比例配备辅导教师和实验教师。

3. 重视教学内容和课程体系改革

准确定位精品课程在人才培养过程中的地位和作用,正确处理单门课程建设与系列课程改革的关系。精品课程的内容要先进,要及时反映本学科领域的最新科技成果,同时要广泛吸收先进的教学经验,积极整合优秀教学改革成果,体现新时期社会、政治、经济、科技、文化的发展对人才培养的要求。

4. 注重使用先进的教学方法和手段

要合理利用信息技术等手段,改革传统的教学思想观念、教学方法、教学手段和教学管理。精品课程要使用网络进行教学与管理,相关的教学大纲、教案、习题、实验指导、参考文献、目录等可以上传至网络,并免费开放,鼓励将网络课件、授课录像等上网开放,实现优质教学资源共享,以带动其他课程建设。

5. 重视教材建设,精品课程教材应当是系列化优秀教材

精品课程主讲教师可以自编基本教材,制作相关教材,也可以选用国家级优秀教材和国外高水平原版教材。鼓励建设一体化设计、多媒体有机结合的立体化教材。

6. 理论教学与实践教学并重

要高度重视实验、实习的实践性教学环节，通过实践培养和提高学生的创新能力。精品课程主讲教师要亲自主持和设计实践教学，要大力改革实践教学的形式和内容，鼓励开设综合性、创新性实验和研究型课程，鼓励学生参与科研活动。

7. 建立切实有效的激励和评价机制

各个高校要采取切实有效的措施，让教授上讲台，承担精品课程建设任务，鼓励教师、教学管理人员和学生参与精品课程建设。各个高校应当对国家精品课程建设参与人员给予相应的奖励，鼓励高水平教师积极投身学校精品课程的教学工作。高校要通过精品课程建设，建立健全精品课程评价体系，建立学生评教制度，促进精品课程建设不断发展。

二、精品课程资源建设的主体

课程资源建设的主体是指谁来承担课程资源建设的责任。在现代教育体系中，课程带有公共产品性质，国家和政府是课程资源建设的第一主体；社会也承担着重大的责任，各类社会机构总是不断地关心着学校的课程建设；而学校是将课程资源转化为课程要素的主要阵地，是最直接的课程资源建设主体；专家则是课程资源建设的特殊主体，往往在现代课程资源建设中扮演着特别重要的角色。表2-7列举了精品课程资源建设的各个主体的情况。

表 2-7 精品课程资源建设的主体

主体	简述
国家	现代国家普遍重视教育的作用,都在不断地加大教育投入。从 20 世纪 50 年代以来,世界各国教育投资显著增加,尤其是发达国家教育投资比例明显增大。同时,加大教育改革的力度和频率。在管理上,国家对教育的控制往往采用一些分权的方式,使课程资源建设呈现出中央与地方分权的局面
社会	随着社会民主化进程的发展,现代社会在人类行为的调节与控制方面的角色功能越来越显著。社会组织(企业、社会团体乃至家庭)特别关注人的发展,积极地进行着教育的投资,从多个角度支援课程资源建设
学校	学校作为课程资源建设的主体,是以教师、学生和学校管理者为主构成的集体。学校是课程活动的主要场所,也是课程资源集中密度最高的地方。在学校实现课程资源转变为现实课程活动的过程,师生和学校管理者是实现该转变的主体。学校的主动性影响着社会各界,使其提供各种课程资源。总体来说,由于需求的不断增加,课程资源常常处于短缺之中
专家	专家作为课程资源建设的主体,是教育职业专业化的要求。由于教育问题的特殊性,即涉及所有的专业领域,所以需要多个领域的专家参与。所谓专家,就是某个领域的行家里手。虽然教育领域有教育专家,但是在涉及其他专门领域的问题时,教育专家就要与其他行业专家联合攻关。这些专家包括教育研究和课程研究专家、学科专家和社会名流

三、精品课程资源建设的原则

(一)以教学为中心的原则

课程教学活动是在学校中展开的,离开了学校,就没有现代课程教学活动。由于现代不断地扩展着学校的功能,使得学校不再仅仅是给下一代灌输知识的场所,而是人们不断"回归"知识与技能的加油站,是提高能力和素质的中心。因此,在正在来临的知识社会,学校将成为知识创新的中心。

首先,学校集中了大部分教师,他们是最活跃的课程资源,是具有创造潜力的群体;其次,学校具有绝大部分社会所聚集的各种课程资源;再次,学校自身具有课程资源的生产能力;最后,学校能实现课程资源的加工,使课程资源成为课程实践的现实内容。

因此,学校要充分利用国家和地方所赋予的各种权利,努力开发课程资源,并转化为课程实施的利器。

(二)兼顾公平与效益的原则

公平是构筑现代社会的基础。教育是涉及人的未来发展的重要事业。教育公平是现代社会公平的重要组成部分之一。课程资源建设是优质高效地完成课程活动,实现课程目标的保障。因此,社会在分配课程建设资源时,必须尽最大努力,实现机会平等。

课程资源建设的公平原则,要求社会平等地对待所有学校,公平地分配课程资源;建立公平分配课程资源的机制,保证对不公平的约束。学校内部也要公平地分配课程资源,使得每个学生享受平等教育。但是,公平必须是有效的,有利于社会长远发展,有利于社会成员的共同利益,有利于社会进步。

(三)教师培养优先原则

教师是最具有创造性的课程资源,是所有课程资源中的核心资源。任何课程的实施和改革,如果缺乏教师的参与和支持,都不会成功。教师资源不是一般的社会人力资源。一方面,它受人力资源的经济规律的制约,在教师资源调配上,要遵循人力资源调配机制;另一方面,要注重其特殊性。人的培养是一种依赖于教师的职业道德和职业修养的职业,不能完全用现代的程式化、规范化来衡量教师的工作质量。教师培养本身就是对各种课程资源进行统整的过程。教师是课程资源的联结点,具有支配各种资源的能动性。因此,教师的培养在于发展教师的能动性,而非给予多种限制。

教师培养优先原则,首先要求课程资源建设把教师放在首位,教师培养不是灌输某种观念,而是启发新思维,学习新知识,掌握新技术的全面培养;其次,教师培养要与其他课程资源建设相配套,如研究课程的开发和推广,就要对教师进行相应的培养;最后,教师培训是一项长期的工作,要以不断地调动教师的积极性、创造性为根本宗旨,使教师在教学改革实践中大胆地开拓、不断地创新。

(四)以市场配置为主,以计划调节为辅的原则

现代教育体系越来越庞大,课程资源既是社会问题,又是教育问题。作为社会问题,它必须与社会配置资源的运作一致。社会配置资源的方式主要有市场、计划两种:市场能给人更多的自主权,其有一定的开放性和灵活性,但是也容易引起恶性竞争,导致资源浪费;计划能给人以更多的控制权,具有较强的目的性和方向性,但是控制性强,易造成资源分配上的不公平。

作为教育问题,课程资源配置是各种思想、知识、经验和财力的相互协调,形成一个组织严密的有机体。它不是把一些因素简单地拼合在一起,而是要以人为中心,实现各种资源的优势,产生整体的教育效能。因此,要注重发挥人的积极性、主动性和创造性,给人以充分的发挥空间。

四、精品课程建设的实施

精品课程建设是高校教学质量与教学改革工程的重要组成部分,有关高校要高度重视、精心设计和组织实施,保证国家精品课程的可持续发展。

国家精品课程建设采用学校先行建设,省、市、区择优推荐,教育部组织评审,授予称号,后补助经费的方式进行。

第三章　高校教学管理及队伍建设

第一节　教学管理及队伍建设

一、教学管理的组织系统、本质任务和内容体系

(一)教学管理的组织系统

教学管理的组织系统又称为教学管理的组织与方法体系,是教学管理的群体为了共同的目标,通过责权的分配、层级的统属关系和团体意识所构成的能自我调节、自我发展的一个社会系统,主要解决"谁来管理,怎么管理"的问题。管理系统是个体、团体和整体之间结构性的关系组织,是组织成员相互行为关系的行为系统,是随着时代环境的变化不断自我调整、自我适应的生态组织,也是组织成员角色关系的网络系统。教学管理组织建设的目标主要是建立科学、完善的教学管理系统,形成全面的质量管理体系和运行机制,以服务教学、教师和学生。教学管理系统侧重于过程管理的纵向系列和目标管理的横向系列的结合,纵向系列指学校、二级学院(部)、教学系部和教研室;横向系列主要涉及目标管理,包括教务部门、科研部门、学生管理部门、人事部门、政工部门、后勤保障部门等。这两个系列要处于完全协调一致的工作状态,才能完成共同的教学工作目标——人才培养。

要建立起高效能、灵活运转并具创造性工作的教学管理组织系统，就必须重视和加强教学管理队伍的建设，建立一支专兼结合、素质较高、相对稳定的教学管理干部队伍，机构要有职责范围，人员要有岗位责任。

(二)教学管理的本质

教学管理的本质是在多层次、多因素的高等学校系统中，以教学系统作为研究的管理对象，组织和运用有限的人力、物力、财力对教学过程进行科学合理的安排，实现教育资源的最优配置，获得教学工作的最佳效益。

(三)教学管理的基本任务和职能

教学管理的基本任务是遵循教育教学基本规律，通过对培养、改革、建设和管理的系统规划，借助现代化的科学管理手段，对全部教学活动在动态演进中达到既定的教育教学目标的管理。同时，发挥管理的协调作用，调动各方面的积极性，保证全部培养过程各阶段教学任务的有效实现。

教学管理的职能可归纳为"决策、规划、组织、指导、控制、协调、评估、激励、研究、创新"，它们之间相互交叉，互为联系，是一个有机的整体。

(四)教学管理的内容体系

▶▶▶ 1. 教学计划管理

培养方案是学校保证教学质量和人才培养规格的重要文件，是组织教学活动、安排教学任务、确保教学编制的基本依据。教学计划是在中华人民共和国教育部(以下简称"教育部")的宏观指导下,由各个学校组织专家自主制订的,它既要符合教育规律,保持一定的稳定性,又要根据社会、经济、科学技术的新发展适时地进行调整和修订。教学计划一经确定,就必须认真地组织实施。教学计划管理的核心工作是精心设计人才培养的蓝图,这就需要投入很大的精力进行必需的基本调查研究,包括国内外相同、相近学科专业的改革和发展动向,特别是新的教育观、新的教学内容、课程体系、教学环节和人才的培养模式等。要组织学校本学科专业的学术、教学带头人及有经验的骨干教师先行研究课程结构体系,只有设计构建一个整体优化的课程结构体系,把人才培养的总设计描绘清晰,才能够据此培养出高质量的合格毕业生。当然,教学计划在制订以后还要有严格的组织实施,不能有随意性。

2. 教学运行管理

教学管理的基本点是通过协调、规范的管理,保障教学工作稳定运行,保证教学质量。教学运行管理主要是围绕教学计划的实施所进行的教学过程及相关辅助工作的组织管理。教学过程是学生在教师指导下的一种认知过程,又是学生通过教学获得全面发展的统一过程。高等学校教学过程组织管理的主要特点:一是大学生学习的独立性、自主性、探索性逐步增强;二是在宽厚的基础学科的基础上适度地进行专业教育;三是教学和科研的逐步结合。根据这些特点,在教学过程的组织管理中要注意把握两个方面的工作:一方面,要制订好课程大纲;另一方面,要针对课堂教学、实践教学、科学研究训练这三个主要环节设计好组织管理的内容、要求和程序,并依此进行检查。

3. 教学行政管理

教学行政管理主要指学校、二级学院、教学系部等，教学管理部门要依据教学规律和学校规章制度行使管理职权，对各项教学活动及相关的辅助工作进行科学合理的组织、指挥、调度，以保障学校教学工作稳定有序运行的协调过程，也包括严格规范地做好教学的日常管理、学籍管理、教学工作管理、教学资源管理和教学档案管理等工作。

4. 教学质量管理与评价

教学质量是一个综合化的概念，衡量教学质量高低的指标应该包括教学、学习及管理质量的综合指标；教学质量是渐进的、累积的，是静态管理和动态管理相结合的，应注重动态管理和过程管理，这是因为教学质量管理的最终任务是保证和提高每一项教学活动、每一个教学环节及最终的教学质量。转变教育思想、提高教育质量是搞好教学质量管理的前提条件。要深入研究质量监控，研究完成全程质量管理的设计，建立适合校情的质量监控体系和运行机制，首先要厘清质量监控的概念、要素、体系和组织系统，要研究质量监控与质量保证的所有相关问题。高校应建立科学的、抓住核心的、可操作的质量管理模式，包括教学质量检查方式，教学工作评估，教学信息的设计、采集、测量、统计分析和管理等。

二、教学管理的特点和管理队伍结构

(一)教学管理的特点

教学管理在高校各项管理工作中的重要位置及教学活动的特殊性，

决定了教学管理具有能动性、动态性、协同性、教育性和服务性等特点。

1. 教学管理的能动性

教学管理的能动性是指人的主观能动性。教学管理的对象主要是教师和学生。能否充分有效地调动教师"教"和学生"学"的积极性，是衡量教学管理工作成效的主要标准。在教学管理中，教师和学生具有双重身份，教师作为学生学习活动的组织者、指导者、管理者时需要发挥管理者的职能，而作为高校教育教学活动的执行者时则属于管理对象，需要履行管理对象的职能；学生既是学校和教师的管理对象，又是自身学习活动的自我管理者。教师与学生无论是管理者还是管理对象，都具有主观能动性，彼此相互影响、相互促进。

2. 教学管理的动态性

教学管理涉及的每个环节都处于动态发展的环境中，如培养方案的制订要随着社会经济的发展更新、完善，教学运行的管理要随着学校教学条件的变化进行合理调整，教学质量的评价体系要随着建设内容的变化不断地进行更新，等等。要在不断变化中总结和提高，使教学管理水平和质量呈螺旋式向上发展。

3. 教学管理的协同性

教学管理的主要任务是协调好学生的个体活动和学校、教师组织的集体活动，充分发挥教师、学生的个性，有益于个人和集体的协同发展。

4. 教学管理的教育性

教学管理人员通过合理制定管理制度，有效实施管理过程，奖惩分明,帮助学生实行自我教育、自我管理、自我服务的"三自"管理,达到育人的最终目的。

▶▶ 5. 教学管理的服务性

高校的中心工作是育人,教学管理要围绕教师"教"与学生"学"做好服务工作。增强服务意识是对教学管理人员最根本的要求。

(二)教学管理队伍的结构

高等学校教育教学管理队伍由分管教学副校长、教务处全体人员、学院(系)主管教学副院长(副主任)、教学秘书(教学办全体人员)和教务员组成。教学管理人员的结构主要包含学历结构、职称结构、年龄结构、学员结构和性别结构等指标。科级以上管理人员岗位应具备硕士及硕士以上学历,博士学历占一定比例;处级岗位、教学副院长(副主任)和重要科级岗位应具备副教授以上职称,教授占较大比例;老、中、青各层次人员合理分布,教学管理队伍既要有教学管理经验丰富的中老年专家,又要有充满活力、信息技术强的青年骨干;学员结构上非本校人员应该占多数比例,有利于不同的管理思想在管理中各自发挥不同的作用。承担重要岗位工作的教学管理人员应有基层教学管理工作经历。

三、正确把握教学管理的几个重点

(一)注重提高教学管理人员职业道德和业务能力

学校应充分认识到教学管理人员对学校发展所起的重要作用,注重培养教学管理人员的政治思想素质,使其树立高尚的事业心、责任心及奉献精神。

教学管理人员处于承上启下的关键位置,承担上传下达的工作职责,既要贯彻执行上级部门的文件精神与工作部署,又要组织、协调学校的教学管理工作,同时还要直接面对教学一线的教师,处于与学生沟通交流的前沿,这样的工作定位与工作职责要求教学管理人员首先要具有职业道德与高度的责任感。教学管理工作涉及面广、内容多,事无巨细,看似事小,实质关系重大,如传达上级文件精神、组织安排学校教学工作计划、教师停调课安排、考试工作安排、学籍档案管理等,年年重复,天天面对,很容易引起认识上的麻痹。看起来都是小事情,但每件小事的管理出现差错就会直接导致院(部)甚至全校教学秩序的混乱,教学工作无法正常运转,影响极大。

教学管理人员要具有团结协作精神。高校教学管理工作的特点之一是层次管理,既有一定的独立性,又相互协作与配合。只有具备良好的团队协作精神,才能全方位地处理好分工负责的工作,为师生创造良好的工作环境,解决工作中遇到的问题。

教学管理人员要具备较强的业务素质。教学管理人员的业务素质与能力是其独立从事教学管理工作,解决实际问题,顺利完成任务的根本条件,学校应提高教学管理人员的业务素质,使其熟练掌握教育学、心理学等有关高等教育专门知识,掌握教学管理的基本理论和专门知识,准确评估教学发展趋势,协调各部门、各因素间的相互关系,促进各类信息的精确传达,不断创新管理方法,提高管理素质和水平;结合工作实际,开展教育科学研究与实验,适应管理科学化、现代化的要求。

第三章 高校教学管理及队伍建设

(二)正确处理教学管理与教学质量的关系

教学管理是学校对教学工作各方面实施的管理,根据既定的目标、原则对整个教学工作进行有序的调节和控制。教学管理的每一个环节都与教学的质量关系紧密。教学管理涉及的内容广泛,从教学质量评价系统来看,包括培养方案、教学计划的制订、教学任务的安排、教学跟踪监测、信息收集、信息统计分析、质量评价等内容。同时,根据反馈的信息和评价的结果,不断更新和调整教学计划。每一项工作的具体内容又包括许多方面,如教学跟踪监测是考察教学方法是否先进、授课内容是否新颖、理论与实践的结合情况如何、课堂是否有吸引力,以及学生作业、实验、实习的完成情况和考试的成绩评定等内容。教学管理始终要围绕全面提高教学质量这一中心工作开展,高校应改革和完善教学管理体制,创造和建立新型的适应人才培养、素质提高的教学管理制度。

(三)正确处理好教学管理人员与教师教学任务的关系

教学管理人员和教师共同承担着教育的使命,教学管理人员是以有效整合教育资源为主,教师则是以传播知识、启迪思想为主。"管理育人"和"教书育人"相辅相成,两者不是管理者与被管理者、监督与被监督的关系,而是相互影响、相互作用的关系,两者相互关联、密不可分,是同一目的两个不同的层面,具体体现在以下几个方面:

(1)教学管理人员是衔接教师"教"与学生"学"两者关系的纽带,协调和处理两者之间的矛盾和问题,创造良好的教学环境,保证"教"与"学"的顺利进行。

(2)教学管理人员通过整理、分析教师教学质量的各种信息,反馈

"教"与"学"的情况并进行科学的评定；检查、考核教师在教学过程中的学术水平、教学水平及敬业精神，总结和评估教师是否完成教学任务制订的各项指标与计划，促使教师不断地按照社会发展和市场需求，保持高质量的教学水平，培养适应社会需求的高质量人才。

（3）教学管理人员和教师共同参与学校的专业建设、课程建设、教材建设、实验室建设等工作。通过对教学的调查、研究、分析，提出改革和改进教学工作的方案和计划。

（4）教学管理人员为教师提供在教学上所需要的帮助，创造优质的教学环境，让教师集中精力投入教学。

（四）注重教学管理与教学研究的关系

教学管理是一个长期建设和积累的过程，高等学校能够完成日常的教学管理，保障教学的正常运行，只是完成了第一层次的工作，标志着有了一个良好的工作基础和教学环境。要提高人才培养质量，提高教学管理水平，还必须开展教育教学研究。实践证明，重视教育教学研究工作的学校，其教学工作的指导思想明确、目标选择恰当，能审时度势，从国情、校情出发确立新思想、新思路、新措施、新制度，教学工作和管理工作处于高质量状态。教学管理和教学管理研究开展较差的学校，其教学改革往往比较落后，抓不住教学改革的重点与核心。因此，注重教育教学研究是提高教学管理水平、质量和效益的关键所在。

第二节　高校专业、课程建设与管理

一、专业建设研究与进展

(一)专业、学科的概念与内涵

>> 1. 专业的概念与内涵

《教育大辞典》对专业的解释:"专业"译自俄文,指部分国家高等教育培养学生的各个专门领域,相当于《国际教育标准分类法》的课程计划或美国高等院校中的"主修"。

在联合国教科文组织编写的《国际教育标准分类法》中,没有"专业"一词,对应出现的是"课程计划"。大学由农学、文学、教育、工学等系或学院组成。学生在某系选择一组课程计划,这一组课程计划内常有些课程要到其他学院、系去上。或同一课程计划由于重点不同,要在一个以上的系中进行。从中可以看出,"课程计划"与"课程的一种组织形式"内涵相同。

现代教育体系中对专业的定义有广义与特指之分。广义的专业是指知识的专门化领域,专业即某种职业不同于其他职业的一些特定的劳动特点。特指的专业即高等学校中的专业,是依据确定的培养目标设置于高等学校(及相应的教育机构)的教育基本单位或教育基本组织形式。高等教育研究专家潘懋元、王伟廉认为,专业是课程的一种组织形式。

《教育管理辞典》认为,专业是高等学校或中等专业学校根据社会的分工需要而划分的学业门类。各专业都有独立的教学计划,以体现本专业的培养目标和要求。这种解释与《辞海》的解释基本一致,认为专业是一种学业门类。

由此可见,专业是高校培养人才的基本单位,能够通过专门教育和训练,促进学生获得较高的专门知识与能力,以便为社会提供专业而有效的服务;专业是按照社会对不同领域和岗位的专门人才的需要来设置的。学科知识是构成专业的原料,不同领域的专门人才需要什么样的知识结构,专业就通过对相关的学科知识进行切块、组织形成课程及一定的课程组合的方式来满足。专业以学科为依托,有时某个专业需要若干个学科支撑,有时某个学科又下设若干个专业。一个专业是由适用于其需要的若干学科中的部分内容构成的,而不是由若干学科中的所有内容构成的。

2.学科的概念与内涵

学科从学术分类和教学分类两方面有不同的解释。

(1)学术分类方面。学科是指一定科学领域或一门科学的分支,如物理学、生物学、教育学等。

(2)教学分类方面。学科是学校教学内容的基本单位,指为培养人才而设立的教学科目。通常意义上所讲的学科是指高等学校或科研机构为培养高级人才而设立的教学科目。大学是传授高深学问的场所,而各种不同的"学问"则以学科的形式出现,学科理所当然地成为承担大学职能的基本单元。在此,把大学学科定义为:大学学科是以知识分类为基础,以高深专门知识为学术活动的对象,承担大学职能的基本单元。

(二)学科建设与专业建设

1. 学科建设和专业建设的内容

(1)学科建设的构成要素。学科建设的构成要素主要有学科带头人、学科梯队、科研课题、研究仪器设备、学科建设管理人员等。学科建设主要是学术梯队建设、研究设施建设、确定研究方向、争取研究项目,形成科学、合理的学科管理制度等,目的是取得更高水平的研究成果。学科建设的作用表现在五个方面:①学科水平决定一所大学的水平,是高校办学水平和综合实力最主要的体现;②学科是人才吸引的强磁场,也是人才培养的沃土;③学科对人的发展起着定向和规范的作用;④学科建设是构筑高校核心竞争力的必由之路;⑤学科建设是大学发展的平台,是大学人才培养、科学研究和社会服务三大社会功能的基础。

(2)专业建设的构成要素。专业建设的构成要素主要有教师、课程、教材、实验与教学管理人员等。专业建设主要是专业培养目标与培养方案的制订、专业教学手段与教学方法的改进、人才培养模式的改革、课程开发、教材建设、实验室与实习基地建设等。高等学校专业的划分是以学科分类为基础,与社会职业分工相适应的。专业建设的作用表现在三个方面:①专业水平反映了学校本科人才培养的水平;②专业是学校培养学生传授技能的平台,反映学校学科水平;③专业建设是提高学生就业综合竞争力的重要途径。

2. 学科建设和专业建设的关系

高校要进行学科建设,就必须搞清楚学科建设与专业建设的关系。

原因有三:一是历来非研究型大学不重视学科建设,或对学科建设认识不清;二是这些院校大部分学科的科学研究基础非常薄弱;三是学科建设与专业建设关系问题在实践中凸显出来的时间不长。学科的划分遵循知识体系自身的逻辑,学科是相对稳定的知识体系。

学科建设是对相关学科点和学科体系的科学规划和重点建设,从而形成和提升了人才培养与科学研究的综合实力。学科建设与专业建设密不可分,学科建设是基础,学科建设的成果可以作为专业建设的原料,也可以用于非专业建设,直接为当地生产建设所用;专业建设是成果,中间通过课程这一桥梁来连接。市场对人才规格要求的变化引起专业的调整,也是促进学科建设的动力之一。

二、典型课程建设与管理

(一)精品课程建设与管理

精品课程建设在推动优质课程和资源建设,实现优质教学资源共享,促进高等教育协调发展,特别是全面推动教学内容信息化建设等方面发挥了积极的作用。精品课程带来的以提高教学质量为导向的激励机制,特别是把教育信息化作为提高教育质量的新手段,在调动教师教学改革的积极性和学生主动学习的积极性方面发挥了重要引领作用。

1. 精品课程的概念和教育理念

精品课程是具有特色和一流教学水平的优秀课程。精品课程应具有五个要素,即高校本科教育教学管理研究与进展要具有一流教师队伍、一流教学内容、一流教学方法、一流教材和一流教学管理。精品课程通常具有"体现现代教育思想,符合科学性、先进性和教育教学的普遍规律,具有鲜明特色,恰当运用现代教学技术、方法与手段,使用一流教材,教学效果显著,具有示范和辐射推广作用"等特征。精品课程强调的是一种全新的教育理念,即以科学性、先进性、特色性、创新性、应用性、有效性和示范性为指导,树立精品课程建设可持续发展的观念。在课程整体水平提高的基础上,有计划地创建和培育精品课程。通过精品课程的示范效应,带动课程整体水平的提高,形成课程建设的良性循环。

2.精品课程建设的作用

精品课程逐级评审和政策激励机制有利于调动地方和高校建设精品课程的积极性,以建立各门类、各专业的校、省、国家三级精品课程体系;引导高校进行课程内容改革和建设,整合教学改革成果和优质教学资源(先进的教学理念、模式、方法),实现优质教学资源共享(教师),促进学生自主学习,整体提升学校的教学水平。

精品课程可以带动课程整体建设水平提高。通过在教学内容、教学方法和手段、教学梯队、教材建设、教学效果等方面的较大改善,全面带动我国高等学校的课程建设水平和教学质量提高。精品课程拓宽了学生的视野和专业面,培养了学生的创新能力。

精品课程实现优质教学资源共享。实现课程的教学大纲、授课教案、习题、实践(实验、实训、实习)指导、参考文献目录、现场教学录像等课程资料全部上网,为广大教师和学生提供免费共享的优质教育资源。

通过精品课程的建设,可以造就一批一流的师资队伍,建设一批一流的教学内容,产生一批一流的教学方法,出版一批一流的教材和创造一批一流的教学管理。

推动新型教育教学改革的实施,精品课程的建设为专业建设、人才培养模式的改革打开了方便之门,新型课程开发为人才培养模式、改革的有效实施提供了有力的支撑和保障。

3. 精品课程的建设重点

以人才培养为唯一目标,建设精品课程。按照相关教育法律、规定,本科教学要求学生系统地掌握本学科、专业必需的基础理论、基本知识,掌握本专业必要的基本技能、方法和相关知识,并具有从事本专业实际工作和研究的初步能力。可见,教师的责任是人才培养,而课程是实现人才培养最有效、最直接的载体。课程是本科教育的主战场,精品课程是提高人才培养质量的试验田和先锋队。

课程建设要与学校的人才培养定位、人才培养模式相一致,相互支撑。不同的学校应该根据学校自身层次、特点等实际情况,开展课程建设和精品课程建设。以人才培养质量为最终目标,遵循教育教学规律,在教学内容、教学方法、教学手段和教学效果方面深化课程建设和改革。同时,加强师资、教材、资源、实验室、图书馆等方面的教学保障。重点做好以下六方面建设:①在教学内容方面:要处理好经典与现代、理论与实践的关系,重视在实践教学中培养学生的实践能力和创新能力。②在教学条件方面:重视优质教学资源的建设和完善,加强课程网站的辅助教学功能。③在教学方法与手段方面:灵活运用多种教学方法,调动学生学习积极性,促进学生学习能力发展,协调传统教学手段和现代教育技术的应用,并做好与课程的整合。④在教学队伍的建设上:注重课程负责人在实际教学工作中的引领和示范作用,促进教学团队结构的完善和水平的提高。⑤在体现能力导向的教育方面,以学习能力为代表的发展

第三章 高校教学管理及队伍建设

潜力是用人单位最关注的素质之一。通过教育唤醒学生的潜力，培养学生自我性、主动性，以及抽象的归纳力和理解力。⑥重视教学内容和课程体系的改革：更新教学观念，优化教学内容，采用先进的教学方法和教学手段，深化课程体系改革。

将课程培训纳入高校师资培训，将精品课程建设和师资培养结合，促进教师专业发展。将教师课程培训纳入高校师资培训，形成制度。列支专项资金资助教师参加课程培训，加强兄弟院校之间的交流，提升教师的业务能力，强化更新教师人才培养的观念，提高教师授课积极性。以精品课程建设为抓手，培育一批优秀教学骨干队伍，逐步形成一支主讲教授负责的，结构合理、人员稳定、教学水平高、教学效果好的教师梯队。

完善管理机制，提高教师课程建设与改革的积极性，高校应从管理机制上进行调整，一方面加大精品课建设的资助力度，从学校的津贴奖励方面给予大力倾斜，提高教师课程改革的积极性，让教师能够全心投入课程建设；另一方面加强课程建设的监督管理，对于建设效果不好、示范共享工作不到位的课程给予相应的惩罚。

认真研究教学过程，精心进行教学设计，课程的课堂效果是人才培养质量的关键环节，如何使课堂达到最佳效果，值得认真研究。应该对教学的各个环节精心地研究，对教学过程进行系统的整体设计。

第一，明确课程的培养目标，如学生应该掌握哪些知识、培养何种能力、锻炼什么精神等。

第二，对课程的教学模式设计，包括理论授课、实验（践）课程的课时分配和现行后续关系及课外讲座内容设计和辅导答疑安排等。

第三,教学内容的设计,包括教学内容重点难点、先行后续关系、学时分配等。

第四,教学方法的设计。根据不同课程的性质特点设计合适的教学方法,最大限度地调动学生学习的兴趣,使课程生动,具有吸引力。

第五,学生学习方法的设计。教师在采取各种方法努力讲好课的同时,还要让学生知道如何学,让学生充分利用课上课下时间,有目的地按照教师事先设计好的方向去学习。

第六,对评价方法的设计。从系统的角度考虑,根据课程培养目标、教学方法、教学内容等建立协调一致的评价方法。

第七,保障课程实施效果的过程性工作的设计。制订了课程目标,设计了教学方法、学习方法和相应的评价方法之后,要想取得理想效果,就必须加强过程管理,建立过程中主要环节的监督机制,实现目标管理和过程管理的有机结合。

(二)精品资源共享课的建设与管理

1. 中国大学资源共享课建设是现代信息技术催生高等教育深刻变革的产物

中国大学资源共享课适应时代要求,把现代信息技术与教学活动紧密结合起来,提供全新的知识传播模式和学习方式,使个性化学习成为可能,使不同人群共享优质资源成为可能,使更多社会学习者接受优质高等教育,促进教育公平。

2. 开展资源共享课的建设与共享是落实教育规划纲要的重要举措之一

《教育信息化十年发展规划(2011—2020年)》提出,要推动信息技术与高等教育深度融合,创新人才培养模式,实施优质数字教育资源建设与共享。为此,教育部、财政部从2011年开始启动实施"十二五"期间"本科教学工程",并将"国家精品开放课程建设与共享"列为重点项目。开展资源共享课的建设是高等教育领域又一项贯彻落实教育规划纲要的重要举措。

>>> 3. 适时推出中国大学资源共享课是增强我国高等教育国际竞争力的需要

2012年,以美国为代表的高等教育发达国家兴起了大规模在线教育,这一举措加速了高等教育的全球化发展和全球化竞争。因此,适时推出新型的中国大学资源共享课在线教育,将在国际上进一步展示我国高等教育改革发展的成果,同时通过参与国际竞争,促进高等教育质量提高,推动全球高等教育深刻变革。

第三节 高校教育质量监控管理体系

学校开展的各项教学活动是教学质量的一种动态体现,是学生在教师的引导下,系统学习科学文化基础知识和基本技能,确立科学的世界观、人生观和道德观,发展智力和体力,提高学生全面素质的过程。因此,对整个教学过程实施质量监控,确保教学过程各个环节的有效运转,真正做到按教学自身发展的规律组织教学,运用科学的方法管理教学,调动全体师生在教与学当中的积极性、创造性,实现教学管理科学化、民主化、现代化是非常重要的。通过监控体系的建立与实施,能够不断提高高等教育教学质量。

一、重构教学质量监控的过程管理体系

在新时期,深入贯彻《国家中长期教育改革和发展规划纲要》,重构合理、完善的教学质量监控体系是全面提高教学质量的必然要求,是依法治理学校的良好体现,关系到学校发展的各个环节,是一项庞大的系统工程,也是学校改革与发展的一项艰巨任务。高等学校教学质量的主要影响因素分硬件与软件两个方面,硬件方面主要是教学设施条件,软件方面有生源质量、教师的教学水平、学生的学习水平、校风、教学管理水平等。其中教学质量管理在学校现有办学条件下起着非常重要的作用,其重点是对教学的全过程进行有效的教学质量监控。在新形势下,采取一系列措施再造与重构教学质量监控过程管理体系并付诸实践,对于全面提高教学质量起着关键的作用。

(一)指导思想与基本原则

▶▶ 1.指导思想

坚持以教学质量为生命线和以学生为本的指导思想,重视教学各环节的教学质量,使教学质量监控与保障体系运行始终围绕着高素质创新人才的培养。

▶▶ 2.基本原则

(1)目标原则。教学质量监控与保障的目的是保证完成教学任务,实现培养目标。其任务就是发现偏离于计划目标的误差,并采取有效的措施纠正发生的偏差,从而确保教学任务与培养目标的实现。

(2)全员性原则。教学质量离不开全体师生员工的共同努力,人人都是质量监控与保障系统中的一员,其中学生是主体,教师是主导,系(部)、教研室是基础,职能部门是核心,院系领导是保证。

(3)系统性原则。教学质量涉及教师、学生、教学设施等多方面,同时与学院办学定位、培养目标和管理等密切相关,是一个系统共同作用的结果。由学院、职能部门、系(部)、教研室和学生班级等构成的一个多层次、纵横交叉的网络,是一个完整的教学管理系统。

(4)全程性原则。教学质量主要是在教学实施过程中形成的,质量监控与保障系统应能对教学的全过程进行监控,要做到事先监控准备过程,事中监控实施过程,事后监控整改过程。

(二)目标与保障措施

1.目标

构建教学监控与保障体系,重点是建立和完善科学、合理、易于操作的评估高校本科教育教学管理研究与进展的指标体系和相应的奖惩制度。通过教学质量的动态管理,促进学院合理、高效地利用各种资源,保证教学工作的正常运行,全面提升学院教学质量。

2.保障措施

(1)组织保障。确保教学质量保障与监控体系的正常运行,充分发挥全员性原则,建立校、院两级组织机构,形成"专兼并举、主辅结合"的管理队伍,形成管理合力。

(2)制度保障。使各项教学管理工作制度化、科学化、规范化和现代化,保证教学工作有序进行,教学质量不断提高。系统地建立一套较为完整的管理规范体系,使整个教学活动有章可循、规范有序。

(3)经费保障。促进教学质量不断提高,在教学设施建设、专业建设、课程建设、师资队伍激励等方面按照建设与发展要求,给予经费支持。

(三)教学质量监控与保障体系的构成

教学质量监控与保障体系由教学质量决策、教学质量监控、教学质量实施、教学质量信息收集、教学质量信息反馈五个子系统组成。它是一个逐层向下监控、逐层向上负责的"责权合一"的质量管理系统。本科教学工作的组织、安排,责任在学校及各相关学院,教学环节的设计与实施的责任在教师。

(四)教学质量监控与保障体系各子系统的功能

▶▶ 1.教学质量决策系统

教学质量决策系统由教育教学建设委员会组成,并由主管教学的校长负责。通过教育教学建设委员会组织开展教学决策活动,负责对教学工作进行宏观指导与管理,审定各教学环节的质量标准,协助各院(系)、职能部门按照既定的发展定位、办学理念和人才培养目标,制订本科教育教学改革与发展规划和条件建设计划。

▶▶ 2.教学质量监控系统

教学质量监控系统由学院(系)党政一把手负责的院级领导小组组

成。通过制定一系列规章制度,激励广大教师开展教学工作,负责组织学院(系)教育教学建设委员会委员、教学督导专家、管理人员及学院(系)聘请的其他人员,对教学工作各个环节进行质量巡查,开展本科教学工作状态监控,实施质量评估。

3. 教学质量实施系统

教学质量实施系统由教学副院长(主任)负责的教学质量保证系统组成,负责落实学院(系)教学工作的中心任务、落实授课教师教学任务,推进教学内容与课程体系改革,做好专业、课程、教材、现代化教学建设工作;配合学院(系)完成对各教学环节、教学工作状态的监控和质量评估。

4. 教学质量信息收集系统

由院(部、系)教学副院长(主任)负责组成教学质量信息收集系统,包括教师评学、学生评教。通过各种方式,广泛收集各级各类人员、学生对教师课堂教学效果的评价意见;对教风学风建设、教学改革的有关建议;对实践教学环节,尤其是对毕业论文(设计)的意见和建议等。汇总、处理各类意见和建议,及时反馈给相关学院、授课教师、学生班级和学生管理部门等。

5. 教学质量信息反馈系统

由院(部、系)教学副院长(主任)负责反馈教学状态及质量测评结果,信息及时到位,问题、责任到人,发现问题限期整改。对于通过教学检查、质量抽查或其他渠道获取的教学信息,通过文件、报告、简报或校内媒体等方式及时发布给有关教学单位和部门,并召开教学信息反馈会,敦促教学问题尽快解决。

(五)教学质量监控的主要环节及实施要点

1. 专业建设

专业建设的监控主要从人才培养目标,人才培养方案的制订、执行与调整,专业办学水平与特色,课程体系建设等方面进行评价。

2. 课程建设

课程建设的质量监控主要从建设目标、实施计划、课程师资梯队、特色创建、改革成效等方面进行评价。

3. 教学大纲的实施

教学大纲是进行教学管理、教师组织教学的主要依据。对教学计划、教学大纲实施情况的监控主要从课程安排、教学计划落实、实验课开设、实践环节的落实、教学大纲编写、教材选用、学生考试等方面进行评价。

4. 课堂教学

课堂教学是教学质量的核心环节。主要从课前准备、教学过程、课外作业与辅导、成绩考评等方面实施监控,包括备课是否充分、教案是否完整、教材是否恰当;讲授是否清晰、概念是否准确、内容是否更新、重点是否突出、是否启发思维、是否因材施教;课后作业与辅导是否到位;学生课程学习成绩考核是否科学、合理,等等。

5. 教材质量

对教材质量的监控主要从教材水平、使用效果等方面进行评价。

6. 实践教学

实践教学监控主要考核创新科研实验平台的内容与体系改革,实践计划、执行及效果。

7. 毕业设计(论文)

毕业设计(论文)监控主要从选题性质、难度、分量、开题、中期、答辩、综合训练度、指导教师资格与水平及精力投入,学生学习态度、实际能力、设计(论文)质量、规范度、基础理论与专业知识、学术水平等方面进行评价。

8. 教学效果

教学效果监控主要从讲授质量、教学方法运用、教学手段的使用,教书育人、因材施教、学生学习课程知识的情况,考核试题与评阅质量等方面进行过程监测和事后评价。

9. 教学改革

教学改革一方面着重于教学管理、教学内容与课程体系、人才培养模式、实践教学、文化素质教育等方面的改革成效;另一方面侧重于教学内容的改革、教学方法与手段的创新、多媒体课件的开发,申报教改项目的积极性、推出教研成果、编写并出版高质量的教材或教学参考书等方面。

二、高校教学督导现状及其队伍建设

《国家中长期教育改革和发展规划纲要(2010—2020年)》提出了"提高人才培养质量,健全质量保障体系",进一步明确了教学督导的性质定位,规定了教学督导的使命和作用,为教学督导工作带来新机遇的同时,也提出了新的要求,使教学督导工作面临着一个新的转折期。

教学质量是学校的生命线,加强教学管理,建立行之有效的评价与约束机制,构建合理的教学质量监控与保障体系,成为高校亟待解决的重要工作。教学督导体制作为教学质量监控系统体系的重要子系统,也成为教学管理改革与发展的必然趋势。

教学督导是高校对教学质量监督、控制、评估、指导等一系列活动的总称,目前主要的工作方式是通过对教学活动全过程和教学管理进行检查、监督,掌握情况,总结经验,发现问题,并及时分析指导,从而提高教学质量。

(一)教学督导的现状

1. 教学督导的制度保障与运行机制方面

随着高等教育改革的不断深化,高校教学质量的竞争越来越激烈,许多高校为提高其核心竞争力,先后建立了校、院(系)两级教学督导制度,一般情况下这些督导机构都是在主管教学副校长的领导下开展工作,按照国家教育方针、政策和学校的规章制度,以专家身份面对校内的

第三章 高校教学管理及队伍建设

教与学双方和教学过程,对影响高校教学质量的各种因素进行监督、检查、评估、指导等活动。多数高校制定了专门的教学督导文件,以保证教学督导工作有章可循。

大多数高校教学督导机构有两种模式:一种是由校长或者主管教学工作的副校长直接领导下的独立部门,与教务处平行没有隶属关系的教学督导部门;另一种是挂靠在教务处或高教研究所,或是教务处下属的一个科室、督导组。第二种模式占较大比例,督导组可以较方便、及时地获取信息,但缺乏自身机构的运行机制和规则,缺乏有效的制度和机制保证,教学督导的定位不明确,工作职责不明确,督导效果不明显。

▶▶ 2. 教学督导的工作职能与工作方式方面

调查分析发现,许多地方高校教学督导工作开展的效果很好,如教学督导人员随机性、经常性深入课堂听课,将问题及时向学校反馈,学校及时采取措施进行解决,保证了日常教学秩序的正常运行;教学督导人员参与各教学单位的教学检查,推动了二级学院教学管理的不断完善与健全;教学督导人员通过课堂教学督导与教师专项培训活动,促进了青年教师快速优质过教学关,提升师资队伍水平等。

(二)强化教学督导工作的措施

▶▶ 1. 构建健全的督导制度体系

(1)确定合理的督导模式。随着新一轮普通高等学校本科教学工作合格评估的开展,学校应以促进教学质量的提高为重心,以发现问题为前提,以改革教学环节为途径,重新定位教学督导工作,重构与本科教学合格评估相结合的校、院二级督导管理机构,在二级学院成立院级督导小组,教学督导工作重心下移,进一步强化各学院的自我质量监控功能,充分调动二级学院的积极性,发挥各学科专家在各自专业方面的优势,使督导工作更有针对性与实效性。

(2)健全教学督导体系。健全教学督导体系,进一步明确督导人员的责、权、利,提高教学督导在质量监控体系中的地位和作用,强化其督导功能。

2. 督导与服务相"融合"

"导"是教学工作的重点内容,"督"是为了更有效地"导",以"督"为辅,以"导"为主,两者相融合才能使"导"具体到位,"督"得到延伸和落实。督导人员要通过对教师工作的"督",了解和掌握其不足,帮助他们解决教学中出现的问题。改革教学方法与手段,提高教学技能;督导人员要挖掘教师的潜能,帮助他们总结经验,养成个性化的教学风格。同时,校院两级管理部门要定期组织召开督导工作会议,听取建议,梳理信息,解决督导中存在的问题,帮助督导人员提高工作效率与督导水平,以便更好地服务教学工作。

3. 构建"三督一体"督导内容体系

教学督导的内容包括督教、督学和督管三个主要环节。督教是对教学环节的监督检查,大部分地方高校较重视督教,而督学和督管工作未得到体现。督学是对学生学习活动过程的检查与指导,学生是体现学校教学质量的载体,是教学督导的重要对象。督学的内容包括学生"三观"、思想教育觉悟、学习自觉性等德智体多方面;通过督学促进学生自我控制、自我管理,提高学生综合素质。督管是对教学管理人员的检查指导,一方面,学校要对教学管理人员的工作进行检查评议,保证教学管理部门最大限度地履行其教学管理职责;另一方面,学校要对教学管理人员进行系统的教学管理知识培训,提高教学管理素养和能力。可见,只有构建"三督一体"的督导内容体系,才能真正全面、高效地发挥教学督导的作用。

4.加强督导队伍的专业化建设

建立一支专、兼职相结合,专业、年龄结构合理,素质良好的督导队伍是高等教育教学改革与发展的需要,也是高校提高教学质量的必然要求。高校要加强督导队伍的专业化建设,加强督导队伍的专业结构优化,就要要求督导人员具有专业知识、专业技能和职业道德;建立有效的教学督导人员培训机制;明确其职责与职权;加强其理论与技术研究,提高督导工作水平。

综上所述,教学督导作为一项保证教学质量的有效手段,在教育决策的制定、教学管理的规范和教学质量的提升等方面发挥了积极的作用。高校的教学督导系统能否顺利构建及优质运行,关键取决于是否具备一支高素质的督导队伍。

第四章 高校校园文化建设管理

第一节 高校校园文化的内涵

一、文化

从古至今,有许多学者曾先后给"文化"下过定义,但一直没有一个相对权威的说法。有学者曾将前人对"文化"一词所做出的相关定义进行总结,并罗列出(截至1951年)164个关于"文化"的定义,认为"文化"的概念极为抽象,难以将其准确把握,所以他们勉强对"文化"下了定义,认为文化是"一种源自行为的抽象概念"。而文化之所以受到专门研究,是因为在19世纪下半叶社会学、人类学、文化学等学科兴起之后,这些新学科均以文化为其主要的研究题材。在社会科学中,文化既是最容易理解的,又是最难解释的。之所以说其容易理解,是因为每一种文化都有一定的外在的表现形式。而称其难以解释,是因为文化的内隐结构非常宽泛、含糊,难以对其做出准确的界定。

目前,世界上关于文化的定义有数百种。对这些定义进行综合概括后,可将其分为两大类:一类是以大文化观为代表的广义的文化界说,另一类是以小文化观为代表的狭义的文化界说。一般来说,文化分为广义的文化和狭义的文化。广义的文化是指人们在社会实践中所获得的物质、精神生产能力及其所创造的物质、精神财富的总和。狭义的文化是指人的精神生产能力和精神产品。也就是说,人类社会中的文化就是指人类在长期的社会实践中所创造的精神文明、物质文明的总和,其实质是人类社会的一种存在方式。

二、校园文化

每个人都有个性,一所学校同样也有自己的个性,这种个性在管理学上被称为组织文化,即组织成员所共有的信念、期望及价值体系。组织文化对于一个组织的发展壮大有很大的影响力。健康向上的组织文化,能激发组织成员的斗志,提高劳动生产效率;反之,消极颓废的组织文化,则会压抑组织成员的士气,降低劳动生产效率,甚至会拖垮一个组织。将组织文化的有关理论运用于学校管理实践,就有了学校组织文化,即我们通常所说的校园文化,也就是学校全体师生员工在学习、工作和生活的过程中所共同拥有的价值观、信仰、态度、作风和行为准则。校园文化主要通过下述要素表现出来:学校历史、学校的形象标志、学校建筑、内部机构设置、学校管理制度和管理行为、校风、学风、学校的活动仪式(如开学或毕业典礼)、师生关系、校园环境、学校绿化、学校办学思想、管理观念、员工的工作态度、士气、生活方式等。在所有这些要素中,有些是显性的,有明确的外在形式,如学校建筑、学校规章制度、学校绿化等;有些则是隐性的,无明显的外在形态,必须通过其他载体体现出来,如管理观念、员工士气、校风等。

三、高校校园文化的概念

当前,对"校园文化"概念的界定比较一致的表述是,从社会学的角度出发,认为校园文化是社会文化大背景中的一种具有自身特色的亚文化形态,在分类上属于社会文化的一部分,归属于社区文化范畴。从这种意义上说,高校校园文化是以教职员工为主导,以大学生为主体,以校园精神为核心,反映高校师生员工的思想、价值取向和行为方式的社会亚文化。

高校校园文化形态包括物质文化和精神文化。高校物质文化(亦称硬件文化)是高校在发展过程中积累下来的外在物化形式的统称,是高校的自然和实物环境建设。高校精神文化(亦称软件文化)是指大学校园里由师生长期辛勤耕耘共同创造的一种特定的精神环境和文化氛围,包括校风、教风、学风的建设等。

四、高校校园文化的特点

(一)高校校园文化是一种追求科学真理的文化

高校以传承、创新知识为己任,是知识的集散地和创造源。在大学的知识系统中,科学是最精致、最成熟的结晶,科学精神是最精髓的部分。通常认为,科学精神应该是勇于探索、敢于创新、提倡唯物、反对唯心、坚持真理、破除迷信、实事求是、尊重客观规律的精神。有人把追求真理视为科学精神的文化蕴涵。因为由追求真理这个最初价值逐步得出的一系列价值:独立性、独创性、异议、思想和言论自由、公正、荣誉、人的尊严和自重,充分显示了科学的人文精神和文化蕴涵。大学传承、创新的知识既有科学知识,又有人文知识,必然把追求科学真理作为本校文化系统的旗帜。

(二)高校校园文化是一种崇尚学术的文化

学术活动是大学校园文化的基础和核心工作。大学校园文化强调

第四章 高校校园文化建设管理

独立人格、独立思考、独立判断,要求在自由的氛围中进行学术的理性思考和研究,在开放的环境中实现科学的创新和发展。

(三)高校校园文化是一种严谨求实的文化

大学的活动主要是进行人与自然、人与宇宙、人与规律、人与道德、人与社会、人与命运的思辨的对话,这种思辨对话本身就是一个严谨的学术过程。因此,大学校园文化鄙视浅薄、浮躁、虚假、急功近利和随波逐流,崇尚严谨、逻辑、实证、经验,崇尚脚踏实地。

(四)高校校园文化是一种具有强烈批判精神的文化

科学的特性是大胆质疑。传承知识、整理知识需要批判鉴别、去粗取精、去伪存真;学术交流、文化交融需要批判与反批判的碰撞;创新知识、追求真理需要不断超越他人和自我,不断批判他人和自我;推动社会文明进步,需要批判的精神以达到超越现实,实现理想的目标。

(五)高校校园文化是一种追求理想和人生抱负的文化

高校校园文化总是把人类的未来作为自己的建设对象,充满了对人类命运的终极关注,充满了对民族、社会以及整个世界的责任意识和使命意识。

(六)高校校园文化是一种历史的积淀

一所高校区别于另一所高校的校园文化,是该校在长期的办学活动中经过积淀、创造逐渐形成的,是该所高校人文与科学精神的体现。

在知识经济社会的当下，高校校园文化具有多元化发展、个性化发展、网络化发展的时代特征。处于青年时代的大学生，对新事物有浓厚的兴趣和较强的接受能力，对外来文化有较高的关注度和认同度。这种外来文化在高校中得以汇聚和传播，使得高校校园文化呈现出多元化的发展特点。

五、高校校园文化的功能

优秀的校园文化在高校建设方面发挥着巨大的推动作用，能够有效促进高校的发展。具体来说，高校校园文化的功能主要体现在以下七个方面：

（一）导向功能

高校是一个开放的系统，聚集了各种思想、理论和观念，这些多元化的思想观念让学生感到耳目一新的同时，也常常让他们感到迷茫。而高校校园文化所具有的导向功能，尤其是软性规范，能够使大学生群体价值观和行为方式产生重要的影响，引导他们走出误区，抵制住各种消极的影响，进而向着社会所期望的方向发展，最终成为社会发展所需要的人才。另外，通过建立先进的高校校园文化，将全体师生员工的思想行为统一到高等教育的发展目标上来，并用教育的价值体系引导全体师生员工的思想行为，使之逐渐完成既定目标。

（二）认同功能

高校校园文化能够使广大师生员工在教育领域的认识得到发展。

他们通过对管理目标、价值观念、行为准则及组织管理方式进行分析,认识它们存在的合理性、正确性及必要性,并对事物的各种属性和整体做出客观的反应,这对于了解社会、分析自我、认识自我、创造自我具有积极的效应。

(三)育人功能

高校校园文化凝聚着社会、民族文化的精华,是人类社会进步与发展的推动力量。这种特定的亚文化对全校师生员工的心理、思想和行为具有重要的影响。优秀的高校校园文化通过一定的文化氛围、精神环境,能够使生活在其中的每一个人受到教育和熏陶,进而起到净化人的精神和心灵的作用。

(四)激励功能

高校校园文化是高校的精神支柱,能够使全体师生员工意识到自己工作和学习的重要性,从而激发他们工作和学习的热情。另外,高校校园文化建设能培养和提高教职员工的全面工作能力,有效提升学生的自我管理能力、自主学习能力及获取知识的能力。可以说,高校校园文化对人们的思想和行为具有重要的激励功能,能使每个人的潜能得到最大限度的发挥。

(五)整合规范功能

在建立社会主义市场经济体制的过程中,在各种文化思想相互碰撞的条件下,高校校园文化发挥其选择、借鉴的优势,对世界上一切优秀的文化成果进行批判的吸收,通过对它们进行科学的整合,创造出符合时代要求的优秀文化,营造出良好的文化氛围,避免大学生受到社会上不良文化的影响。

(六)凝聚功能

高校校园文化使不同年龄、不同志趣、不同爱好的校园人汇聚在一起,形成一种向心力,使学校师生员工之间形成一种相互尊重、相互信赖、相互理解的情感氛围,统一思想,统一行动,向着共同的目标努力。

(七)辐射功能

高校校园文化与社会文化具有作用与反作用的关系。高校校园文化的辐射功能主要是通过高校校园文化对社会文化的反作用体现出来的。校园文化的辐射功能主要表现在两个方面:一是校际间的辐射,主要通过高校之间的交流来实现,如现在大学之间普遍实施的互相选课、互聘教师等;二是高校校园文化向社会的辐射,主要是通过向社会输出大量高素质的人才实现的。总而言之,高校校园文化对高校的发展,以及其他部门的文化建设具有重要的影响,发挥着强大的辐射作用。

第二节 高校校园文化建设的基本方向与价值

一、高校校园文化建设的基本方向

相较于20世纪,21世纪的高校校园文化,其发展速度更加迅猛,交流范围更加广阔。但是,文化的发展是沿着一定的脉络前进的,具有承前启后的关系。我们应立足于目前,放眼未来,把握校园文化发展的基本方向。

(一)校园文化建设向科学化迈进

校园文化建设的科学化主要表现在以下两点:

第一,在运转模式上,校园文化组织将会逐步得以健全,结构也趋于合理。一些文化团体会不断涌现,也有一些会渐渐消失。

第二,在内容构筑上,校园文化会包容更多的外来优秀文化,有些和社会主义文化形成共融体。同时,校园文化在发展过程中会加快"推陈出新"的速率。在校园文化运转机制的作用下,在一定时间内产生"排污"行为,以保持校园文化相对纯净和独特的一面。

(二)校园文化建设向素质教育靠拢

21世纪是高等教育在时间和空间上更加拓展的世纪。在时间上的拓展呈现终身化教育趋势,在空间上的拓展将呈现国际化趋势。与素质教育相一致的"通识教育"更加符合学生的基本需要,因为通识教育不仅使学生学到专业基本知识,还使他们学到了进入社会角色的基本技能。素质教育要求学生为解决问题而掌握知识,并将知识内化为人文精神、文化素质、技能素质和其他一切生活工作的能力。学生在校园中不仅可以学习规定的知识,还会受到校园环境之内各种文化的熏陶。校园文化对于学生素质的形成具有潜移默化的作用,尤其对于某些非智力素质的形成,如道德素质、心理素质等,往往比课堂教学有更为重要的作用。

(三)校园文化建设面向世界扩展育人功能

面向世界,从本质上讲,就是形成一种开放的精神,形成一种更具丰富内涵和育人功能的文化氛围。尽管世界各国文化传统不同,政治制度也有差距,但是通过国际的教育文化交流活动,各高校间互相取长补短,共同借鉴,可以促进各自不同的文化形式和教育内容的相互沟通。校园文化建设对于培养 21 世纪的建设者和接班人是十分必要的,因为未来社会是高度"国际化"的世界,面向世界的中国高等院校必须发挥校园文化的特殊作用,成为培养创新能力、参与国际化竞争人才的基地。

(四)校园文化建设以学生获得知识和技能为凝聚力

大学是人类智慧成果以知识形态进行传播、继承并发展的重要殿堂。大学生以渴求成才的愿望跨入大学校门,他们大多数期望在有限的时间内学到工作的本领,得到在社会生活中生存的能力。未来的校园文化建设须适应学生的这些愿望,以追求知识,崇尚科技为宗旨。随着社会的演化,校园文化的固定模式被打破,呈现出丰富多彩的内容。尽管不同的学校文化氛围存在较大的地域差别,但全国范围乃至更大范围的交流使大学的校园文化表现出诸多共同性。例如,以技能为主的计算机、机动车等操作技能的学习在许多大学作为非专业知识的学习而成为大学生学习的热点;以家政、服务和礼仪为主的理家处事的技能也吸引了不少学生。大学的校园文化要结合中国的具体国情,在强调学生对各种知识学习的同时,突出对现代社会所急需的知识和技能的学习和掌握。教育者要把有利于学生学习科学知识和社会生活的本领作为衡量德育效果的主要尺度。只有把对知识的学习和掌握作为校园文化建的重点,才能保持大学校园文化永久的吸引力和凝聚力。

二、高校校园文化建设的价值

高校校园文化建设的价值主要体现在以下三大方面:

(一)先进的校园文化促成先进社会文化的形成

校园文化从属于社会文化,并受社会文化的影响,但它也反过来影响社会文化的发展。校园文化的建设离不开社会的大环境,校园文化的建设方向必须与整个社会文化发展的背景相适应。高校校园文化的科学精神、人文传统、创新意识、高雅娱乐形式等,无不对外界社会产生影响,它反作用于社会文化,促进社会科学技术的发展,促进经济体制的改进与完善,促进道德伦理、社会文化心理的进步与提高,促进社会物质文明与精神文明建设的发展,从而为整个社会文化的进步与发展增添新的内容,充分体现出校园文化为社会服务的功能。

(二)先进的校园文化是建设现代化大学的客观要求

一所高校的灵魂,不仅表现在宏伟壮观的校园建筑和现代化的教学设施等物质文化方面,更重要的是还表现在科学的制度文化和深厚的精神文化方面。一所高校只有具备丰厚而先进的文化内涵,才会有鲜明的个性、独特的风格,从而产生特殊的魅力和吸引力。

中华民族之所以具有强大的凝聚力,其主要原因就是中华民族具有悠久的历史和灿烂的文明,五千年的丰厚文化积淀已经使整个中华民族在意识深处凝聚成了坚不可摧的整体。同理,先进的校园文化,尤其是高校的办学理念及构成办学理念的核心——校训,具有凝聚人心的强大作用。例如,"自强不息,厚德载物"的校训,凝聚了一代又一代开拓进取的清华人;"学为人师,行为世范"的校训,也构成了北师大人凝聚力的核心。独特的办学理念可凸显独特的校园文化,在办学理念转化为学校文化的过程中,它引导着群体的价值取向,对学校的发展具有稳定的、持续的促进作用、推动作用和凝聚作用。

(三)先进的校园文化是大学生全面成才的重要保证

高校是传播社会主义文化的重要阵地,建设先进的高校校园文化,对于培养社会主义事业的建设者和接班人,对于创造良好的育人氛围和环境有着十分重要的意义。校园文化的开展是以活动为载体,以广大学生的参与为基础进行的。对大学生进行爱国主义、集体主义、社会主义教育,对其世界观、人生观、价值观的形成都起着重要的作用和积极的影响。

学校可以利用各种文化设施,开展各种活动,如电化教学、知识竞赛、科技咨询、学术讲座、影视评论、文化培训以及各种技能训练等来增长大学生的知识,开阔他们的视野,全面提高大学生的文化素质;通过开展各种校园文化活动,加强学生与社会的联系,加强人与人之间的沟通,使大学生的能力得到锻炼,综合素质、生活品位得到提升。

人创造环境,同时环境也影响人。纪律对学校成员的约束,不单是靠处罚,而应该主要依靠学校中的主体——集体的自觉意识连同集体组织的力量和舆论,对学生的思想行为产生诱导和影响,依靠学校环境的客观情景对学生的行为规范产生潜移默化的影响,把这两种影响很好地结合起来,就能体现先进校园文化的熏陶功能。

第四章　高校校园文化建设管理

第三节　高校校园文化建设的核心内容

高校校园文化的核心内容主要包含物质文化、制度文化和精神文化三个方面的内容,三者相辅相成,共同推动着高等教育的不断发展。因此,高校校园文化建设工作的开展也应该从这三个方面入手。

一、高校校园物质文化建设

高校校园物质文化涵盖着教学、科研、生活、设施、环境等方面的物质条件,又同时赋予这些物质以文化的内涵。物质本身并非文化,只有当物质成为人的精神世界的外在表现,被赋予了人的思想、情感的时候才能成为物质文化。高校内的环境与自然界的环境的差别就在于校园内的各种建筑、花木、草坪、园林、亭子、雕塑等,都蕴含着深厚的文化。它们不单是陈设的某一现象,而且包含着学校的内蕴、学校的历史、学校的精神、学校的思想及时代风采,把物质的东西赋予了人的精神世界,赋予了学校的传统、校风、校园人的理想和追求。高校的物质文化建设是高校校园文化建设的必要前提和现实条件,其对于高校文化建设的质量有着重要影响。

(一)高校校园物质文化的组成部分

高校校园物质文化是社会文化的重要组成部分,是校园事物在空间上的分布状况,是高校师生校园活动的物化表现。一般可以将高校校园物质文化分为两个方面的内容,即设施内容和环境内容。

1.设施内容

(1)图书馆。高校图书馆是高校师生进行教学和科研的重要的学术性机构,是构成现代高等教育的重要支柱。教师的备课、学生的课外拓展、科研课题的开展和学术交流的进行都依托于图书馆的信息资源或者图书馆的场地进行。高校图书馆所具有的深刻的文化内涵将通过潜移默化的形式影响学生的心理气质,使学生渐渐形成温润谦和的处世态度,形成独立自主、健康向上的良好素质。

(2)学生宿舍。宿舍是高校学生生活的主要场所,在高校物质环境中,学生宿舍是与学生联系最为紧密的因素。高校校园宿舍文化包括宿舍的设施、整体布局、卫生状况、规章制度、住宿者的人际关系和价值取向等多个方面的因素。而宿舍文化的具体表现则为宿舍人员的关系、道德水准、审美情趣、思想意识、语言风格和生活习俗等。高校的宿舍文化是高校校园物质文化的一种微表现形式,整合宿舍成员之间的性格差异,使生活在宿舍这一环境中的学生具有相似的思维方式、价值观念、理想追求和行为习惯,从而形成强大的凝聚力。

(3)学生食堂。在高校校园物质文化整体中,学生食堂的角色慢慢发生了改变,学生食堂结合其他的文化环境,被赋予新的文化内涵,逐渐从单纯的用餐场所演变为校园物质文化的重要组成部分。这种变化带来了食堂建筑空间格局、交通模式、建筑形象的综合变化,同时也衍生出了校园物质文化中的一种新兴文化形式——高校校园食堂文化。

(4)教学设施。高校教学设施是指直接可以用于教学、科研、实验、实习、实训的教室实验室等。这些设施属于高校基础设施,是高校物质文化的重要组成部分。

(5)文体娱乐设施。高校校园文体娱乐活动是每个当代大学生都会经历和参与的。作为活跃校园文化生活的重要手段,高校校园文体娱乐活动是促进同学之间相互交流、增强同学之间凝聚力、增进班级间联系的重要手段。因此,文体娱乐设施在高校校园物质文化中扮演着重要的角色。

2.环境内容

(1)自然景观。高校校园自然景观体现了校园的生命形态,赋予了校园自然的活力。当代高校校园的自然景观往往被视为校园综合文化魅力的重要组成部分。优美的校园自然景观是校园物质文化的重要体现。高校校园的自然景观往往与校园总体规划紧密协调,并且突出展示高校校园的地方特色和学科特色,彰显文化内涵。高校所在地的地形、地貌、水文、地质、文化古迹、原有建筑、自然气候特征等综合因素,都会对高校自然景观造成影响,这些因素的综合作用形成了浓郁的校园自然景观文化。

(2)人文景观。高校校园人文景观是基于高校自身历史和人文资源建立起来的一系列人文特色的建筑、标志。例如,历史人物为学校题写的签名、历史大事纪念碑、校史展览馆、校友名录、画像等,都是校园人文景观的突出体现。

(二)高校校园物质文化建设工作的开展

高校校园物质文化教育、感染、熏陶着每一个校园人,犹如一位沉默而有风范的教师。校园物质文化在建设过程中要使校园内的每一种物化的东西都能体现出学校的精神和特色,都能起到教育学生的作用。具体来说,要做到总体规划、分区建设和分步实施。

▶ 1.总体规划

整个校园在宏观布局上一定要科学、合理,从教育、艺术的高度出发,精心设计每一栋建筑、每一条道路、每一片绿化,使之既具有实用价值,又具有审美价值,避免因缺乏总体规划设计,而使每一个景点孤立地处于一个位置,出现混乱不堪的局面。整个校园只有做到和谐统一,才能提升整个高校的文化品位。

▶ 2.分区建设

分区建设是指在做好校园总体规划的同时,从学习、生活及相互之间联系的角度出发,把功能相同或相似的区域进行整合。在这个过程中,要做到对区域功能进行明确分工,避免相互之间干扰。

▶ 3.分步实施

从目前发展状况来看,我国高校的经费比较紧张,而物质文化建设需要大量的资金支持,学校无法拿出大量的资金将总体规划的内容全部付诸实施,因此高校应根据学校的经费情况,按照轻重缓急,进行分步实施。

二、高校校园制度文化建设

高校校园制度文化是指高校在社会、政府的影响下,由于学校内部运转的需要,在长期的建设工作中所形成的一系列的高校内部人员的行为准则、道德规范、群体意识和生活习惯等。这些校园制度文化实质上反映了学校对于学生行为调控的程度、监控的原则、管理的张力。从本质上讲，高校校园制度是以约束、规范、引导、保护高校内部师生员工的行为与利益，维护高校师生员工正常的学习、生活、工作秩序，符合高校发展要求的一系列实用的、有效的规章制度共同构成的体系。

(一)高校校园制度文化的组成部分

根据制度文化的内容，可以将校园制度文化建设分为行政工作制度建设、德育工作制度建设和教学工作制度建设等多种形式。

▶▶ 1.行政工作制度建设

学校行政工作制度建设能有效保障学校教学、科研、社会服务等活动的正常运行。学校行政工作主要由学校和学院两级行政办公室、教务处、科研处等职能部门共同完成。学校行政工作制度主要包括学校发展规划、学年(学期)工作计划、校务会议制度等。

▶▶ 2.德育工作制度建设

高校德育主要包括日常(团)组织、思想教育等方面的活动。德育工作制度建设主要是为了将这些职能部门和思想教育课等与学生德育工作直接相关的部门统管起来，形成一种合力，共同做好学校的德育工作。德育工作制度主要包括学校德育工作考核制度、辅导员工作考核条例、不同年级学生的德育大纲及实施办法。

▶▶ 3.教学工作制度建设

教学工作是高校的中心工作，是培养高素质人才的根本保障，与其他职能部门相比,其涉及面更广。教学工作主要由教务处负责,由学院(系)分管领导和教师具体执行。因此,教学工作制度建设,首先应明确教务处各部门及学院(系)分管领导和教师的具体职责,然后再建立健全各项有关的规章制度。教学工作制度主要包括与教师有关的工作制度、教学管理人员工作制度、与学生有关的工作制度等。

(二)高校校园制度文化建设工作的开展

在高校校园制度文化建设过程中,必须要紧密结合高校的实际情况。具体来说,应当注重以下四个方面:

1. 符合客观要求

高校校园制度文化的建设应依据教育目的和社会对人才的素质要求,应彰显学校的传统和领导者的办学理念。因此,规章制度的制定应符合客观要求,不能过于主观。同时,由于各个学校的情况不完全相同,同一学校不同时期的情况也不一样,因此在制定规章制度时要做到因时因地制宜。

2. 内容要明确统一

规章制度的内容要明确清晰,操作施行应简洁方便。不同规章制度之间的要求要合情合理,做到和谐统一,不可互相矛盾。

3. 体现教育性

规章制度的制定主要是为了有效地对学生进行管理,进而实现教育目标。因此,规章制度要符合教育的基本原则。制定规章制度时,不仅仅要站在管理者的角度考虑问题,而且要考虑学生的全面发展。

>> 4.真正做到精简高效

组织机构是人们为达到某种共同的目标而设立的形式。只有合理地设置组织机构,才能保证对学生进行高质有效的管理。高校机构的设置应根据本校的实际情况,坚持精简高效的原则,建立一支稳定的、高素质的教育管理队伍。

三、高校校园精神文化建设

高校校园精神文化是指高校全体成员认同的价值观念、思想意识、道德规范、发展目标等校园精神的综合,主要是以校训、校徽、校歌、校史载体呈现出的办学理念、校风、学风、学校传统。高校精神文化集中反映了一个学校的价值观念、精神面貌,体现了高校的办学宗旨、培养目标及其特殊的风格,是校园文化的灵魂。虽然高校校园精神文化并没有物质文化和制度文化那样具体,但它却真实地存在于高校建设的方方面面,渗透在高校教学、科研、生活的具体过程中,对于高校可持续发展和社会进步具有重要的意义。

(一)高校校园精神文化的组成部分

高校精神文化是由办学理念、高校传统、校风和学风共同组成的有机整体。办学理念是高校精神文化的精髓和指南,高校传统则是高校精神产生、发展的基础,校风和学风则是办学理念和高校传统的具体显现。

1. 办学理念

办学理念是高校办学最本质的思想内涵,主要回答了如何创办大学,建设什么样的大学的问题。它涉及高等教育的职能、存在价值、终极目的等多方面问题,是以教育价值观念为核心的关于对高等教育的基本认识和看法,是高校在办学过程中对教育的实践先导,是高校精神文化的灵魂。

2. 高校传统

高校传统是高校对建设过程中的经验和教训进行科学总结后形成的,是高校长期办学实践所形成的历史积淀。高校精神文化产生、发展和成熟的各个阶段,都烙上了高校历史的鲜明印记。

第一阶段:产生。当高校历史积累到一定阶段时,高校传统从高校精神、高校理念中开始显露,然后经过学校人员总结后,由校长或者学校创始人提出。

第二阶段:发展。高校传统要想形成独具特色的文化风格,还需要几代人的努力。而在这一形成过程中,需要经过大学师生的不断实践、认识,对高校传统逐渐进行内心的认同。

第三阶段:成熟。这是高校传统被提炼归纳、完善定型,并得到肯定的时期,这个过程是一个历史的过程。对于中国高校来说,高校传统是我国一代代高校教育学者和高校师生共同努力的结果。

3. 校风

校风是一个学校的精神状态的整体体现,是在全校师生共同努力下逐步形成的、相对稳定的精神状态和作风,是学习风尚、工作态度等的综合反映,体现在学校师生的日常言行和处世准则上。良好的校风会在学校内形成一种巨大的教育力量和价值导向,时刻影响着高校师生的言行,使他们不断完善着自己的世界观、人生观和价值观,自觉不自觉地改变自己思想和行为中不符合校风的部分。此外,校风具有很大的管理力量,其从价值准则上规范着师生的行为和习惯,具有强大的约束力,这种无形的规范具有一种较为持久的凝聚作用。

4. 学风

学风是高校学生在长期学习过程中形成的学习习惯、生活习惯、卫生习惯、行为习惯等方面的表现,是所有学生风格的总体体现,反映着学生在学习过程中表现出来的治学态度和方法。优良的学风有利于营造积极健康的精神文化氛围,有利于提高大学生的精神品格,改善他们的行为习惯,提高他们的学习热情。学风是衡量高校教学质量的重要标志,人们通过对学风的观察能够大致了解高校学生的精神面貌与综合素质,进而推测学校的教育教学质量。

(二)高校校园精神文化建设工作的开展

在高校发展过程中,想要做好高等院校校园精神文化建设工作,就必须做到以下三个方面:

1. 尊重他人,平等待人

在高校校园文化建设的过程中,要平等地对待与尊重校园中的每个人,创造一种和谐的校园氛围。校园中的每一个人都具有不同的能力,为实现学校的目标做出了自己的贡献,因此无论职位高低,他们都应该受到尊重。

2.尽量满足每个人的合理需要

相关研究表明,人的行为受到一定动机的驱使,而动机主要源于需要。高校领导者应充分利用手中可以掌握和运用的资源,满足教师的合理需要,进而激发教师投身学术的动机。例如,通过提高待遇、改善住房条件等满足他们的生活需要;通过完善职业保障、健康保障制度等满足其安全的需要;通过职称晋升、评优表彰满足教师获得社会认可的要求等。

3.将个人目标与学校目标结合起来

目标对于事物的发展具有重要的引导作用,高校的发展也不例外。高校目标的实现离不开全体师生员工的共同努力,而师生员工的个人目标也很重要。只有把师生员工的个人目标与学校整体目标结合起来,才能最大限度地促进学校的发展。因此,校园精神文化建设应向全校师生员工宣传学校的发展目标,使他们从内心认可这一目标,并且自觉地将个人目标与学校整体目标联系起来,全身心地投入高校校园文化建设中。

第四节　高校校园网络文化建设工作的开展

当前,随着信息技术的发展,网络已经成为高校师生学习、生活和工作的重要媒介,而网络文化也成为高校校园文化的重要组成部分。在网

第四章 高校校园文化建设管理

络中弘扬校园文化,保证社会主义主流价值观的优势地位,体现校园文化与先进文化、和谐文化的一致性,是校园网络文化建设的内容和方向。但网络文化给校园网络文化建设带来积极作用的同时,其负面影响给校园文化带来的冲击也必须给予重视。如何以创新的精神加强校园网络文化建设和管理,满足大学生日益增长的精神文化需要,成为大学生教育管理工作必须解决好的重要课题。下面就高校校园网络文化建设的相关内容进行探讨。

一、高校校园网络文化建设的可能性

学校教育在大学生成才的过程中具有主导作用,担负着培养大学生获得知识技能、陶冶思想品德、发展智力和体力的主要责任。

第一,学校教育的有目的性、有计划性、有组织性等特性,使学校能够培养大学生的科学道德观和优良品质,有能力影响大学生具备针对网络负面影响的"免疫力",正确地面对网络问题。

第二,大学生的大部分时间在学校中度过,接受学校教育。中学至高等教育阶段,大学生身体的各方面都在迅速发育并达到成熟,个性心理表现出丰富和稳定的特征,自我意识高度发展。尤其在高等教育阶段,大学生的世界观、人生观和价值观已初步形成。学生除节假日外,每一天大部分时间都在学校里接受教育,有利于实现学校教育具有的有目的性、有计划性、有组织性特征。也就是说,大学生的知识技能、思想教育素质和道德品质的养成和在学校接受的教育有直接的关系。

第三,在学校教育中,学校的管理和教育者的教育教学活动对大学生的成长、成才发挥着重要作用。学校管理部门对校园网络文化进行依

法管理和行政管理。依法管理主要指学校管理部门对校园网的管理和建设要严格遵守国家关于网络管理的法律规定。行政管理主要指学校自身在校园网建设中要从学校的实际出发,结合教育教学特点和大学生的身心特点,制定可行的网络管理规章制度,使校园网的管理运行有章可循,从而运用法律政策和行政管理手段,减少校园网络的不文明现象。良好的管理和科学的教育活动使学生以正确的道德观念来约束自己,有助于学生正确地面对网络文化。

同时,大学生成长成才的身心发展特性也要求建设健康文明的校园网络文化。

第一,大学生道德观念和道德行为的可塑性,使教育者能够积极应对网络文化的挑战,建设健康文明的校园网络文化。在高等教育阶段,大学生生理发展的特点是接近于成熟或基本成熟,但是其心理成熟落后于生理成熟,认识能力落后于活动能力,自制能力虽有一定发展,但水平还不够高,因此会产生一系列的矛盾,引起某些心理冲突,如独立自主与遵守纪律的矛盾;面向未来、勇往直前与脚踏实地、脱离现实的矛盾,等等。教育者对大学生的正确引导,正面应对网络文化的挑战,能够塑造大学生科学的世界观、人生观和价值观。

第二,建设健康文明的校园网络文化符合大学生的根本利益,有利于他们的健康成长,能够得到他们的理解、支持和欢迎。在网络环境下,大学生的成长受到了消极影响的同时,健康文明的网络文化也给大学生的成长带来了机遇。大学生不仅能够凭借网络技术获得大量新知识,而且能够按最优化的思路对获取的知识以创造性的优化组合和匹配,从而积极地促进大学生想象力的发挥,培养和发展创造能力。由此看来,建设健康文明的校园网络文化,为网络环境下大学生

第四章 高校校园文化建设管理

的健康成长提供了较好的外部环境,所以必然会得到大学生的倡导、支持和积极响应。

二、高校校园网络文化建设的意义

时至今日,网络已经成为高校师生交流互动的重要纽带,是高校师生获取信息的主要渠道。在这种高校校园环境下,高校校园网络文化对高校师生的价值观念、学习方式、思维方式、交往方式等方面有着重要的影响。具体来说,高校校园文化的这种影响力主要体现在以下三个方面:

(一)高校可以借助网络开展思想工作宣传

近些年来,许多高校在进行思想工作宣传时,选择网络进行了一些尝试、探索和实践,同时还建立起学校进行思想宣传工作的专门性网站,最终取得了比较好的成绩。总之,在我国的高校网络思想宣传工作中,学校内部的各项工作也发挥了积极的作用,产生了积极的影响,具体表现在以下三个方面:

>>> 1. 提高学生与思想教育工作的契合度

在当代社会中,为了方便生活和学习,高校大学生经常需要用到网络。在这个过程中,许多学生对网络产生了浓厚的兴趣。高校网络宣传思想工作的出现顺应了时代发展的潮流,使高校宣传思想工作与学生的网络兴趣有机结合起来,从而容易被广大学生所接受。当前,我国一些高校的网络宣传思想教育工作,已经成为本校加强思想教育的重要手段之一。

2. 增进了师生的心灵沟通和感情联络

在高校过去的发展历程中，由于信息沟通渠道不流畅，使得高校或者是教师的意图难以及时传递给学生，学生的意见也很难及时得到反馈。在当代社会中，随着网络技术的高度发展，很多高校的师生已经完美地实现了通过网络进行及时的沟通与联系，这就消除了信息传递由于时间、空间与形式等客观原因造成的不便，进而极大地缩短了双方之间的沟通距离。由此我们可以看出，网络已经逐渐发展成当今时代沟通的重要中介和桥梁，成为高校的教师与学生之间加强联络的重要纽带。

3. 增强了思想教育工作的针对性和实效性

由于网络自身的特殊性，使其能够实现信息无障碍地自由传递与表达，进而实现各种信息与动态的传递，这也就使得学生与教师能够对内心的情感与声音进行真实的抒发，使其思想感情获得自然的表现与流露。对于从事高校的思想宣传工作的工作人员来说，这也是对学生与教师的思想动态进行及时把握的一个重要而有效的途径。因此，高校网络思想宣传工作的开展，能够使得思想宣传具有极大的针对性，增强宣传的效果，进而有的放矢地解决学生与教师在学习、生活等各方面存在的困难、问题与矛盾，进而有效提高高校网络思想宣传工作的实际水平。

（二）加快了高校信息化管理的步伐

进入 21 世纪后，网络信息技术对社会的各个方面产生了强烈的影响，高校的管理工作也因之出现了较大的变化。当前，网络在高校信息管理中的应用主要体现在以下三个方面：

1. 实现远程的招生录取

高校通过进行信息化管理，可以远程开展招生录取工作。目前，这一系统已在我国高校的招生录取中普遍使用，不但有效地节约了招生的成本，也极大地提高了我国高校录取工作的科学性与合理性。

2. 网上教务系统

高校在校生可依托网络实现课程的选择，了解课程的内容，查询上课时间、地点及成绩，并且对任课教师进行评价。教师则能够依靠网络实现课件上传，了解学生选课情况，进行考试成绩上传、网上答疑等。

3. 办公自动化系统

目前，我国一部分高校已经建设了相对完备的办公自动化系统，基本上实现了网上通知、网上办公、网上公示等功能，从而有效地节约了办公成本，提高了工作效率，推动了高校信息化的建设。

（三）使高校内逐步形成网络校园文化

随着网络技术在高校校园中的普及，当代高校内部普遍形成一种以多媒体和网络技术为基础的网络校园文化。具体来说，高校网络校园文化的作用主要体现在以下两个方面：

1. 加强学校管理者、教师及学生之间的联系

目前，大多数高校建设有本校的BBS以及类似或相关的网站，这些

网站的主要访问者是本校师生员工。通过这些网站,大学师生可以互相探讨问题、交流信息、发表文章,也可以就学校存在的具体问题向学校管理者及教师发表意见。这就有效地加强了学校管理者及教师与学生之间的联系。

2.鼓励教职工参与高校管理

在当代社会中,高校师生员工通过网络发表意见已经成为高校管理者与师生员工进行沟通的重要渠道。高校管理者可以就制定某项政策或者采取何种措施而征求教职工的意见,从而按照教职工的意见加以改进,或者对某些政策及措施加以解释。

三、我国高校校园网络文化建设状况

就我国高校而言,校园文化作为高校德育工作的一个重要载体,在推动网络环境下的高校德育工作等方面,可以说起到了无可替代的关键作用。

(一)推进德育工作进网络

在高度开放的网络环境下,人们生活中接触到的信息是复杂多样的。其中,不仅有进步、健康、积极向上等内容,同时也有许多不良、迷信等内容。目前,网络已成为各个高校校园文化建设与德育工作的一个全新的"攻坚阵地"。不仅如此,全国各地教育行政主管部门和各高校也都积极行动起来,在实践过程中主动探索并初步形成了各具特色的工作思路和方法,牢牢掌握了"制网权",进而营造了十分健康、向上、文明、进步的高校校园网络文化氛围,最终确立了以先进思想文化为主导地位的网络文化。

(二)提高高校校园文化建设主体的网络素质

随着高校校园信息化进程的不断深入与推进,当前许多高校逐步将网络视为一种有效的资源而进行合理的开发与使用。例如,有的高校已经广泛推行了网上办公系统,从而实现"无纸化"办公,节约了大量的纸质资源;还有的高校推行网上虚拟学生社团、党团组织等,方便了高校大学生及时了解相关的动态与信息。这种对网络资源的充分、合理利用,大幅度地提高了高校校园文化建设主体在网络方面的素质。

(三)重视校园网络文化建设

高校校园网络文化是高校校园文化在网络环境下所产生的一种新型的文化形态,是对以往传统的高校校园文化的丰富与再发展。高校校园网络文化的传播具有容量大、时效快、载体新、互动性强等突出特点,因此对于高校大学生而言具有较强的吸引力。但是,由于网络的虚拟性,使得网络中也不乏一些非主流文化,有些不良信息严重误导了高校大学生。针对这种情况,当前许多高校十分重视高校校园网络文化建设,并且在营造良好的校园网络氛围的同时,也积极拓展了高校校园文化建设的新领域。

四、高校校园网络文化建设机制的完善

我国高校在校园网络文化建设工作中还存在许多不可忽视的问题。

因此,在高等教育事业建设工作中,为了做好高校校园网络文化建设工作,就必须要完善高校校园网络文化建设机制。具体来说,高校校园网络文化建设机制主要包括两个层面的内容:一是物质保障机制,二是队伍保障机制。在高等教育事业建设工作中,必须要注重完善高校校园网络文化建设机制。

(一)物质保障机制的完善

在网络环境下,要做好校园文化建设工作,就必须要加强网络硬件建设,从而为校园文化建设提供物质上的重要保障。对于高校校园网络文化物质保障机制,我们可以从以下两个方面进行理解:

1.建成高校校园网硬件是基础

在高校校园范围内连接计算机网络,从而形成校园网。完善的校园网可以将高校的行政管理、信息管理、教学服务、教学科研等各类系统连接起来,实现这些系统之间的信息交换及信息服务。在此基础上,校园网再与整个互联网连接,校园的信息资源就能够与社会知识资源形成高度整合,促使高校成为高度开放、超越时空的平台和知识中枢。

在信息化的高校校园中,充分共享的数字资源,成为涵盖高校师生在内的整个社会的共有知识财富。同时,包括多媒体、人工智能及知识库在内的信息技术,结合计算机网络,能够让信息化校园的数字资源得到更为有效的发挥,从而创造出一个智能化、信息化的系统和环境。

在进行高校校园网络文化硬件基础建设时,必须以高校的实际需求为前提。当然,在校园网硬件设施建设中,也不能追求"一步到位",必须

第四章 高校校园文化建设管理

紧密结合本校的实际需求和经济能力,有计划、有重点、分层次地稳步发展。

▶▶ 2.有效的软件资源是保证

对于高校校园网而言,硬件就好比是人的躯体,如果没有强健的身体,那么就很难保证顺利地完成其他各种事项;而软件资源则好比是人的灵魂和智慧,只有强健的身体而没有灵魂和智慧,也不能顺利地完成工作。由此我们可以看出,软件资源是高校校园网的灵魂,是校园网发挥效益的关键保证。在软件资源建设方面,必须注意做好以下两个方面的工作:

(1)系统软件建设。在高校校园网建设过程中,一些高校对于校园网硬件建设的投入较多,而对软件建设则投入相对较少。对于这一问题,各大高校的管理者应当掌握必要的信息知识,充分认识到软件在校园网建设工作中的地位,并且要在系统软件建设上鼎力投入经费。系统软件必须采用较为成熟的平台,选择易于维护、升级,安全性强、稳定性好的软件。

(2)教育资源建设。对于高等院校来说,教育资源建设工作质量在很大程度上直接关系着信息化水平的高低。从根本上来说,教育资源也是高校校园网络文化建设工作的核心内容,必须努力丰富校园网的教育资源,使其成为学生学习、生活中重要的辅助工具。这里所说的教育资源可以是文字、声音、图片、视频等多种形式的,但其必须和高校具体的教学内容紧密相关。对于高等院校来说,教育资源建设是一项艰苦而漫长的工作,可以本着"边建设边应用"的原则,采用"购置和自主开发相结合"的方式,建立校园网教育资源库。

(二)队伍保障机制的完善

由于网络发展十分迅速,因此就需要高校的教育工作者,尤其是思想教育工作者,不断地进行学习和提高。而为了做好网络环境下高校校园文化建设工作,队伍保障是关键所在,各高校应经常开展相关的培训工作。具体来说,应当重点做好以下两个方面的工作:

1.建设网络评论员队伍

在发展高等教育事业的同时,必须高度重视网络评论员的队伍建设。在日常工作中,高校校园中的网络评论员除了要坚持正确的政治立场以外,还要把握正确的舆论导向,对一些有意义、有价值的新闻线索做出及时的分析评论,以正确的观点引导大学生全面、深刻地了解相关事件,推动高校舆论朝着健康、积极的方向发展。

高校的网络评论员要积极对学生的思想言论进行批判并加以正确引导。这里需要注意的是,在评论的过程中要时刻从高校大学生的角度与立场进行问题的思考,循循善诱,以理服人。同时,网络评论员还要注意言论的篇幅要尽可能地简短,否则易使大学生产生视觉上的厌烦与疲劳。因此,网络评论员应以短取胜,尽可能在既定的网评空间中承载更多、更丰富的思想与观点,使网络发挥最大的效益。

2.重视教师管理队伍建设

利用网络教育技术,高校教师进行网上教学、网上办公,形成了一种全新的教学模式与工作模式。需要强调的是,如果高校教师不能够顺应信息化时代的教育理念,就难以适应时代潮流。为此,对高校教师不但

第四章 高校校园文化建设管理

要进行信息技术方面的相关培训,同时也要进行思想理念上的更新。

多媒体技术和网络技术的培训工作并不是一蹴而就的,必须通过长期的培训实践才能最终培养出合格的人才。在具体的培训内容方面,应当进行网络基础知识、办公软件、课件制作等方面的培训,让接受培训的教师能够独立自主地上网浏览信息、查找资料、进行科研及学习等。

除此以外,要建设好校园网络、充分利用校园网络,还必须建设一支高素质的网络管理队伍,以管理好校园网络。这就需要做好网络管理人员的培训工作,提高网络管理人员的素质和技术水平,使网络管理人员具备网络设计、管理和维护的相关能力。

第五章　高校学生工作管理

第一节　高校学生工作管理的内涵及特点

一、高校学生工作管理的内涵

高校学生工作管理是对大学生日常事务的管理,是指通过对学生的日常行为进行规范、指导和服务,促进学生的全面发展。学生工作管理有广义和狭义之分,广义的学生工作管理包括思想教育、日常事务管理、学生工作的考核与评估、学生成长发展指导等内容;狭义的学生工作管理也就是管理学生,侧重的是日常管理,包括班级建设、学生奖惩、学生资助、安全教育、宿舍管理、生活服务、就业指导等,涉及学生在校生活、学习的方方面面。

(一)依法治校,维护学生合法权益

实行依法治校,就是在高校的日常管理工作中,明确学校和学生的权利及义务,充分保障学生的合法权益。依靠法律和学校的各种规章制度,对学生进行奖励、资助、处分等。在处理如学生处分等涉及学生权益的问题时,要严格按照正当程序,规范处理过程,使学生的合法权益不受侵害。

第五章　高校学生工作管理

(二)学籍管理和学习指导

随着高校教学体制改革的深入和弹性学制、学分制的实施,在学生学籍管理中,高校可以实施跨校、跨专业修读,专修和辅修相结合等有利于学生成长的管理模式。学生工作管理者可以通过学风建设,为学生创造积极向上的学习氛围。学生在进行自主学习的同时,管理者要提供全方位、积极主动的辅导,从而帮助学生养成自主式的学习习惯和终身学习的思想观念。

(三)就业指导和就业服务

就业指导和就业服务是学生工作管理的一项重要内容。面对日益严峻的就业形势,高校要设立专门的就业指导部门,由学校主要领导直接负责管理。就业指导部门要做好在校生职业生涯规划指导、就业信息收集、实习基地建设,以及毕业生就业指导、毕业生职业规划等工作。

(四)勤工俭学和贫困生资助

贫困生资助和勤工俭学也是学生管理工作的一项重要内容。学生工作管理部门要针对学生的实际情况和高校的规章制度,开通助学贷款的"绿色通道",尽可能多地开辟勤工俭学的岗位,认真做好国家奖、助学金和校内贫困生补助的发放工作。同时,针对学生群体中发生的突发事件,应建立应急处理机制和临时困难补助制度,对于发生重大家庭变故的学生,要及时给予特殊帮助。

(五)生活服务和心理健康教育

高等教育不仅仅体现在学习方面,还要把服务育人的理念贯彻到日常的学生工作管理中。学生工作管理部门要和校内其他服务部门互相配合,在为学生提供衣、食、住、行等方面服务的同时,还要重视对学生进行健康生活方式的引导。高校心理咨询中心要通过各种渠道、运用多种形式在全校范围内对学生开展心理健康教育和心理咨询活动,加强对学生的心理疏导。学生工作管理者要建立畅通的信息网络,使思想教育和心理健康教育有效结合,进而提高学生工作管理的水平。

(六)校园秩序与课外活动

学校要为学生提供健康、和谐的学习和生活环境。学生工作管理者要积极引导学生,自觉遵守学校管理制度,提高自身的道德修养,自觉维护校园秩序。同时,学校要积极鼓励学生团体组织开展有益于大学生身心健康的活动,并对活动加以管理和指导,保证学生活动的合法性和科学性。大学生通过参加各种类型的团体活动,可以在人际交往和社会适应能力等方面得到锻炼,这有利于学生的全面发展。

二、高校学生工作管理的特点

大学生是思想最为敏锐的群体,有着自身独特的特点。根据大学生的身心特点有针对性地开展工作,是高校学生工作管理顺利进行的保证。由于每个学生的成长和教育环境各不相同,所以造成他们价值取向的多元化、思想观念的差异化,具体表现如下:理想与现实的差距使其虽有理想信念,但难以抉择;虽有明确的是非观,但自控性和自律性较差;实用主义倾向明显,只关注与自身利益相关的事情;个人主义突出,自我意识较强;要求独立,但依赖性强,渴望尽快走向社会,但又无法实现经济独立;适应新事物的能力较强,但心理承受能力较差。学生工作管理要适应学生的特点、满足学生的需要,这是学生工作管理取得成效的关键。针对大学生的特点开展工作,能够使学生工作管理更具专业性和操作性,从而促进高校学生工作管理目标的实现。

(一)教育性

培养全面发展的高素质人才,为社会主义现代化建设服务是高校学生工作管理的主要目标。学生工作管理者要通过对学生的教育和引导,提高大学生的科学文化素质,培养他们良好的品德和修养,引导他们坚持正确的思想方向,帮助他们树立远大的理想信念。总之,通过学生工作管理的教育和引导作用,促进高校管理目标的实现。

(二)开放性

高校的学生工作管理具有开放性,日常管理工作可以通过多种途径和方法开展。既可以通过课堂教学教育,又可以通过组织校园文化活动进行日常管理,还可以通过学校教育、社会教育、家庭教育等多种渠道展开。学生工作管理者要善于利用多方资源,懂得统筹和协调,形成促进学生工作管理的合力。

(三)持续性

高校学生工作管理系统是一项复杂的工程。每一项具体工作的完成以学生工作管理的总体目标为方向,体现学生工作管理的效果,促进大学生的全面发展。高校学生工作管理要建立长效的工作机制,使学校教育、社会教育、家庭教育三者有效结合,通过外在的制度管理和内在的学生自我约束,结合思想教育,提高学生工作管理的效果和系统性。

(四)实践性

高等教育以培养适合社会需要和适应时代发展的高级知识人才为目标,要提高学生解决实际问题的能力。随着社会形势的不断变化和发展,要求学生工作管理模式随之改变。新的管理方法和手段不能只是空谈理论,而应该在实际的工作中得到切实的运用,以达到理论指导实践的目的。只有具有实践性的学生工作管理,才能更好地适应日益变化的社会环境。

第二节 高校学生工作管理的目标及原则

一、高校学生工作管理的目标

(一)科学文化素质

提高科学文化素质,要求大学生拥有全面丰富的知识结构和扎实的理论功底。大学生要努力学习科学文化知识,掌握正确的学习方法,养成良好的学习习惯,学会用理论指导实践,全面提高自身素质。同时,树立终身学习的观念,在实践中寻找不足,以学习弥补不足。

（二）身心素质

要求大学生拥有强健的身体和健康的心理。通过积极参加体育锻炼、文体活动,强健体魄,提高身体素质;通过自我管理、自我控制和自我调节,健全人格;通过积极参加社会实践,养成良好的个性和环境适应能力,并且使大学生拥有健康的身心素质,更好地为社会服务。

（三）创新素质

要求大学生有科学的思维方式和把理论运用于实践的能力。大学生通过学习积累理论知识,运用科学的思维,辩证地、全面地分析和辨别事物;要有较强的创新和实践能力,面对不断变化的环境要勇于创新,不断地进行自我突破,在提高大学生创新能力的同时,拓展他们的综合素质。

二、高校学生工作管理的原则

为提高学生工作管理水平,实现有效管理,学生工作管理者在日常管理中应该遵循以下三个原则:

（一）实际性原则

高校学生工作管理要一切从实际出发。通过了解学校与学生的实际情况,建立健全组织机构,明确各组织机构职能,确定学生管理目标,同时要研究适合高校自身的学生管理模式,从实际出发进行学生管理,从而有针对性地开展学生工作。

(二)制度化原则

要求学生工作管理者根据国家法律规定,结合高校自身实际,制定各种规章制度进行学生管理。制度化是进行规范管理和提高管理效率的必然要求。只有通过制度化管理,高校学生工作管理才有章可循,才能不断地推进学生工作管理的科学性、有效性。

(三)服务性原则

高校学生工作管理要坚持服务育人的理念,以服务学生为出发点和落脚点。在对学生的日常管理中坚持服务性原则,从学生的根本利益和切身需要出发,把学生看作学生工作管理的主体,一切为了学生。因此,在实际工作中应坚持服务性原则,通过服务达到管理的目的。

第三节 高校学生工作管理取得的成绩

高等学校的根本任务是培养德、智、体、美、劳各方面全面发展的社会主义事业的建设者和接班人。学生工作管理是高校工作的重要组成部分,其对于培育适应 21 世纪经济社会发展需要的"四有"大学生至关重要。各高校对学生工作管理都十分重视,投入了大量的人力、物力和财力;学校的学生工作管理者认真贯彻党的教育方针,围绕学校培养目标,大胆实践,努力探索,形成了一套行之有效的工作途径和方法。他们热爱学生、关心学生,爱岗敬业,为培养学生付出了很多劳动和心血,为我国的社会主义建设培养了大批合格的专门人才。特别是近年来,高校

学生工作管理队伍在学生工作管理的科学化、规范化上进行了有益的研究与探讨,并取得了一定的成绩,归结起来主要有以下三点:

一、加强大学生思想教育,为大学生成才提供精神动力

大学生的日常思想教育工作是课堂教学、德育课、形势政策课等之外的重要补充,具有针对性、时效性等特点。高校学生工作管理注重大学生的日常思想教育工作,解放思想,更新观念,提高认识,树立"一切为了学生"的教育理念,增强服务的意识,强化服务的功能,自觉、主动地为大学生成长和成才服务。既坚持教育学生、引导学生、鼓舞学生、鞭策学生,又做到尊重学生、理解学生、关心学生、帮助学生;对大学生学习、生活规范管理,促进大学生向有道德、有纪律的方向发展;提高大学生的文明素养,促进大学生文明习惯的养成。思想教育工作要做到学生的心坎里,要被学生接受,要受学生欢迎,达到解疑释惑、化解矛盾和激发热情的作用,从而为大学生成才提供精神动力和舆论力量。

二、积极开展丰富多彩的活动,为全面提高大学生素质搭建舞台

(一)积极组织社会实践,锻炼学生的社会适应能力

利用寒暑假开展社会实践是高校学生工作管理的常规内容。大学生利用寒暑假进行社会实践的形式是多种多样的,有环保调查、行业实践、公益实践、母校回访、勤工助学等。社会实践活动没有固定的模式,也没有固定的场地和对象,一般是在一个比较开放的环境下,面对不断变化的情境,学生独立面对和解决各种问题。社会实践能充分调动学生

的积极性,引导学生在实践中勇于开拓、敢于创新。

此外,大学生通过实践走向社会,亲身体验生活,看到城乡差别,感受贫富差距,在与人民群众的接触、了解、交流中受到真切的感染,从活生生的典型事例中受到深刻的教育和启发,这能使他们的思想得到升华,他们的社会责任感和使命感得到加强。同时,也能使学生看到自身知识和能力上存在的不足,比较客观地重新认识、评价自我,逐渐摆正个人与社会的位置,进而潜心思考自身的发展问题,不断地提高自身素质和能力,以适应社会发展的需要。

总之,社会实践可以训练学生独立生活和适应环境的能力;提高知识的实际应用能力和自身的组织管理能力;巩固和发展专业技能;了解国情民情,增强社会责任感;强化学生的社会服务精神,塑造他们吃苦耐劳的品德。大学生在积极参与社会实践活动的过程中,能够逐渐养成坚韧、顽强的优良品性,养成务实的学习态度和生活作风,不断完善自己,提高自己。

(二)组织社团活动,为大学生搭建开发潜能、展现自我的重要平台

社团活动是大学生校园文化活动的重要组成部分,是对大学德育的有效补充,也是大学生素质教育的重要载体,是高校中一道亮丽的风景线。大学生社团是大学生立足校园,基于共同兴趣和爱好,依照法律,按照一定的章程,自愿结成的具有固定成员和特定活动内容的组织,大致可分为学术科技、文体娱乐、志愿服务、创业或综合等类型。社团活动形式新颖、丰富多彩,在培养学生的想象力、创造力、批判能力和协作精神,充分调动社团协会的主体性与参与性等方面,起着桥梁和纽带的作用。

它不仅丰富了大学生活,而且为大学生身心健康发展提供了课堂以外的学习机会,让他们在活动中锻炼自己的能力、发挥自己的特长、展现自己的才干,是大学生开发潜能、展示自我的舞台。

(三)丰富校园文化,提高学生的人文艺术修养

文化素质是素质中的一个重要内容,是指具有一定的文学修养、理论修养、音乐修养、艺术修养等。学生工作管理的重要内容之一就是校园文化建设。校园文化具体表现在各种活动的组织与开展中,如元旦联欢会、歌手大赛、合唱比赛、社团嘉年华、科技文化节、校园辩论赛等。青年人思想活跃,吸收力强,可塑性大,比较容易接纳新生事物、观念、行为及生活方式,通过群体文化的规约和引导,形成良好的校园文化大气候,对学生素质的提高大有裨益。通过丰富多彩、形式多样的文化艺术活动,引进高雅艺术如音乐会、芭蕾舞、话剧等,使学生的艺术修养和审美素质得以有效提高。

(四)组织课外学术科技活动,锻炼学生的创新能力

大学生课外学术科技活动包含三个方面的内容:一是学术科技的学习,二是学术科技的创新,三是学术科技的应用。高校学生工作管理部门应高度重视,不断健全组织机构,形成有效管理的模式;建立评比表彰制度,营造学术气氛,并采取积极措施使这一活动不断发展和深化。

课外科技创新活动激发了学生的学习积极性和创造能力,使学生从校园走向社会,从知识传承者逐渐成长为社会财富的创造者,打破课外与课内的界限,使学生树立终身学习的观念。

三、加强学生工作管理队伍建设，提高素质教育的能力和水平

辅导员是从事学生思想教育工作的基层干部，是思想教育工作第一线的组织者和教育者，也是和学生接触最多的教师之一。高素质的辅导员有利于国家的稳定和繁荣、学校的生存和发展以及学生的健康成长。把素质硬、业务水平高、思想品德优、综合能力强、热爱辅导员工作的优秀毕业生党员选留到辅导员队伍中，加强对辅导员的管理，提高队伍整体素质。从发展趋势来看，我国高校学生工作管理开始强调教育性和发展性，在强调德育传统的同时，"以人为本"的管理理念基本上得到了认同。管理制度也更为完善，管理干部队伍的层次日益提高，有的高校在学生管理干部中硕士毕业生已经占有一定比例，有的学校则是博士毕业生任专职书记。

第四节 我国高校学生工作管理的对策

一、以"柔性管理"思想为指导，更新管理理念

在学生工作管理中，"以人为本"是柔性管理的核心，同时也是柔性管理的价值取向，更是柔性管理的核心指导原则。高校的学生工作管理特别是院系的学生工作管理的出发点和落脚点应该是学生的成长成才，以培养德、智、体、美、劳全面发展的学生为最终目的，使学生能够成为社会主义的建设者和接班人，这是高校学生工作管理的根本任务。

第五章　高校学生工作管理

(一)确立以学生为本的管理理念

以人为本作为加强和改进大学生思想教育的指导思想,强调要坚持以人为本,贴近实际,贴近生活,贴近学生,促进人的全面发展。给高校学生工作管理提供理论支持,要求我们必须树立以学生为本的学生工作管理理念,更好地指导我国高校学生管理工作。

在实际工作中树立起以学生为本的学生工作管理理念,就要通过相应的规则确定学生在高校的学生工作管理中的主体地位,充分突出学生的主体性。也就是说,在学生工作管理过程中,学生工作管理人员要时刻以学生为中心,发掘学生的潜能,发挥学生参与管理的积极性,引导学生维护自身的合法权益;关心学生发展,帮助解决他们在日常学习和生活中出现的各类问题,真心诚意地为学生服务。

以生为本、服务学生的理念要求高校院系在实施具体的学生工作管理中,要考虑到学生的主体性和个性发展,减少一些强制性的单一性内容。基层管理人员在具体工作中要做到:尊重学生的个性诉求(基础),关注学生的身心健康(关键),服务学生的各类需求(方式),培养学生的综合素质(目的)。尊重学生就是尊重学生的个性诉求,尊重学生在高校中的主体地位。高校成立的基础是学生,所以在具体工作中,要尊重学生的主体地位,尤其对特殊学生更要加倍重视。关心学生就是关心学生的学习和生活,及时掌握学生在学校的学习和生活的具体情况,帮助学生解决问题,让他们感受到学校的关爱。服务学生就是以学生需求为导向,努力培养适合学生发展的软硬件环境,促使学生进行良好的自我管理,促进学生形成正确的人生观和世界观。培养学生是以学生为本,是尊重学生、关心学生、服务学生的,最终都是为了学生的全面、协调发展。

(二)坚持民主管理

民主管理是相对于"一言堂"的管理而言的。民主管理对于现代管理、对于我国高校院系学生工作管理而言,既是手段又是目标。一方面,它是院系学生工作管理有效性的重要保证。通过学生广泛参与,可以树立主人翁意识,牢固学校的凝聚力和向心力。另一方面,它能培养学生的民主意识,增强学生参加学校管理的积极性。

民主管理内涵非常丰富,是现代管理的重要内容之一。在高校院系学生工作管理中,民主管理的理念应着重体现在两个方面。第一,以人为本,认同学生的主体地位;第二,讲求宽容,为学生发展提供宽松的环境。

▶▶ 1. 以人为本,认同学生的主体地位

实施对人的管理是学生工作管理的本质,因此在学生工作管理中,必须始终贯彻以人为本的核心思想。学生是高校管理的对象,也是高校管理的主体。因此,"为了一切学生,一切为了学生,为了学生的一切"的思想,应该成为高校学生工作管理的基本理念,这也是柔性管理理论中一个重要的概念。这就要求学校对涉及学生的各个部门要树立起以学生为本的核心思想,实行民主管理的方式。基层学生工作管理者要正确认识和充分尊重学生的个性发展,要广泛听取学生的意见和要求,将学校和学生的发展融为一体。在各项规章制度的制定过程中,要调动学生参与的积极性,同时增加透明度,对学校院系各项工作中存在的问题予以解决,鼓励学生主动积极参与管理,听取来自学生的意见,以此充分有效地调动学生"自我教育、自我管理、自我服务、自我激励"的积极性。

2.讲求宽容,为学生发展提供宽松的环境

宽容就是要求学生工作管理人员尽量理解或亲身参与到学生的各种创造性活动中,鼓励学生在校园文化活动中百家争鸣、百花齐放,不要用简单划一的制度和方式去规定学生,减少对学生的强制要求和无谓监督。既然有创新,也就意味着有风险,宽容就是要求学生工作管理者特别是院系学生工作管理者要有勇气去替学生承担风险和压力,力所能及地为创新性学生提供帮助和支持。当前大学生体现出个性多元化、发展差异化的特点,院系学生工作管理人员不仅要考查学生的学业知识,还要考查学生的道德、创新及实践能力等方面,以促进学生的个性化发展。

(三)强调管理服务意识,实现个性化管理

市场经济的建立和高等教育大众化的发展,使高等教育成为一种消费,大学生就是特殊的教育消费者。教育是一种具有服务性质的实践活动,教育服务就是教育活动的产品,或者说是一种服务形态的产品。在市场经济条件下,服务的提供方是高校,学生作为消费者,在市场上、在学生付出学费的前提下,学生有权利要求高质量的教育服务,享受优质的教育资源,而高校也必须提供相应的教育服务。因此,高校学生工作管理理念必须进行转变,而院系作为与学生接触最密切的基层组织,其

本质就是要坚持以服务学生为学生工作管理理念,学生工作组织以及学生工作管理者要根据市场经济发展的各项要求为学生提供服务,要一改以往行政化的学生工作管理作风,实现学生工作管理向规范化、制度化、科学化的方向转变。

理念为行动指明了方向。院系学生工作管理者要学会转变角色思考问题,多从学生的角度出发,思考学生面临什么问题,应该如何处理;搞清学生当前的思想动态,把解决学生的问题作为学生工作管理的出发点和归宿,同时发挥学生的主动性,使学生参与学生工作管理,听取学生提出的积极意见,这也是培养他们发现问题、分析问题、解决问题能力的一大重要举措。

二、坚持以学生为本,创新和完善院系管理体制

(一)建立院系负责学生工作管理领导机制

基层院系学生工作管理的有效开展离不开院系领导班子的大力支持。院系学生工作管理体系建设首先要安排院系班子即专门领导全面负责学生工作管理,同时院系领导也要亲自抓。建立领导共同负责学生工作管理的领导机制,可以全面整合院系各部门的力量,使得院系教务、行政等各部门分工协调,促进基层院系学生工作管理有序开展。在院系领导的共同负责下,学生工作管理既不是单纯的思想教育工作,也不是单纯的行政管理工作,而应该既是思想教育工作,又是行政管理工作。为了确保负责落到实处,可以在院系联席会议上单列一项学生工作管理,用以保障学生管理工作顺利、高效开展。

需要说明的是,各项工作的开展都需要学校学工处发挥指导功能。同时,学校有必要赋予院系学生工作管理部门一定的行政权力和主动权,否则,仅作为与院系同等的职能部门,其各项工作极有可能得不到有效开展,导致院系学生工作管理部门的职能与目标存在距离,从而达不到预期的管理目标。

(二)以学生的发展和需要为依据进行组织机构和职能设置

院系基层学生工作管理必须建立在配备完善、工作得力的学生工作管理机构的基础上。长期以来,院系的学生工作管理机构虽然采取了不同的设置形式,但是无论采取哪种设置形式都必须满足学生受教育的需要,并满足一定的设立条件。比如,是否适合学生全面发展,是否能使学生工作管理人员顺利开展工作,是否能够使得院系学生工作管理部门达到预期的目的。

要加强院系一级的领导和管理。在机构上,成立院系学生工作管理办公室,与学校学生工作管理处相对应,院系负责人共同对本院系的学生工作管理负责,院系学生工作管理办公室的常务负责人是院系副书记,成员包括院系学生工作管理办公室主任、团委书记、年级辅导员等。

目前,由于大学生数量不断增多,事务量也在增大。虽然学生工作管理组织进一步扩大,学生工作管理人员数量进一步增多,但是院系学生工作管理人员既要应付日常学生工作管理,也要随时处理突发事件,往往力不从心。为此,院系学生工作管理部门应当以管理职能化、规范化为目标进行部门设置,细化管理职能,以更好地满足学生的需要。具体来说，院系层面要成立或者设立以下三个与学生利益相关的办公机构。

1.成立院系资助工作办公室

在院系层面上成立院系资助工作办公室，专门负责管理院系学生的各种经济资助事务。具体职能：做好与学校的资助管理办公室的任务衔接，同时根据本学院的专业特点与有意向资助单位进行联络，负责资助信息的收集和发布。同时，要做好学校奖学金、助学金的发放工作，适时提供一些勤工助学岗位信息，等等。院系资助工作办公室，一是深入学生中摸查情况，全面了解学生经济状况，做好贫困生建档工作；二是努力构建和完善以"奖、贷、勤、助、补"为主体的资助体系；三是对贫困学生开展励志教育，引导贫困学生自强不息；四是大力开展诚信教育、感恩教育，引导贫困学生以实际行动回报社会。

2.建立院系心理健康辅导室

当前由于经济社会的快速发展，学生心理健康问题呈现出独特性和复杂性，从学生工作管理的本质以及服务学生的需要出发，当代大学生需要专业的心理辅导。院系直接接触学生，需要成立针对各院系特点的专门的健康和发展咨询部门，配备既了解心理辅导知识也了解本院系特点的专门人员。院系层面上的心理辅导室，可以借助学校心理辅导中心的力量，为每个本院系的学生建立心理健康档案，使得院系心理辅导工作成为学校心理辅导的有效补充，同时也能在第一时间为院系学生提供心理帮助。

目前，我国很多高校都对辅导员提出考取心理咨询师职业资格证书的要求,很多辅导员也顺利通过考试,获得了心理咨询师职业资格证书。所以,院系学生工作管理系统已经具备建立心理健康辅导室的师资条件。院系在辅导学生心理健康时要注意:一是制订学生心理危机干预预案,完善学生心理健康档案;二是举办心理健康活动,普及心理健康知识;三是做好心理辅导和咨询工作;四是认真进行学生心理状况摸排工作,妥善处理好有心理问题倾向的学生的心理干预工作。

3. 成立院系学生就业创业指导中心

在院系层面设立院系就业创业指导中心,其职责是利用相关学生工作管理人员的专业优势,指导院系学生制订职业生涯发展规划,为毕业生提供与专业相关的求职技能和就业信息,指导学生从事创业活动等事务。院系就业创业指导中心应加强与学校就业创业指导中心的合作,利用院系的专业优势,加强与相关企业的联系,为学生提供高质量就业创业服务。

院系就业创业指导中心要牢牢抓住就业创业服务和就业创业指导这两条主线开展工作,做到重点关注、重点服务、重点推荐,谋求整体突破,提高毕业生就业率。

(三)加强院系学生工作管理队伍专业建设

优秀的学生工作管理队伍是基层院系学生管理工作得以开展的保障。一支高水平的学生工作管理队伍,是基层院系学生工作管理开展的有效保证。我国高校基层学生工作管理者称为辅导员,要打造一支优秀的辅导员队伍就要注意以下几个方面。首先,要建立辅导员的聘用选拔体系。以"专业化、科学化"为原则,在选拔过程中不仅要考核辅导员的专业知识,还要考察辅导员的作风、纪律、观念,要高标准、严要求。其次,要建立辅导员培训发展机制。结合高校学生工作的特点,制订辅导员培养计划,可根据实际制订出固定培养机制、临时培养机制。再次,要建立辅导员队伍的绩效考核和监督评价机制。实行量化考核,对辅导员的工作进行动态管理,要增加考核工作的透明度和实效性。最后,要建立辅导员激励和淘汰机制。要重视辅导员的个人发展,在辅导员的评先评优、职务晋升上要建立起完善的机制;对于考核中表现不及格或者在任期内发生重大事故的辅导员要进行批评和教育,严重者要从辅导员队伍中除名。

院系学生工作管理办公室要注重专、兼职辅导员的学习培养和教育管理,专、兼职一视同仁,责权利清晰,形成一支团结上进、富有朝气和战斗力的辅导员团队。通过辅导员培训、交流和考核等多种形式,着重提升辅导员的以下五种能力:

1.服务大局,提升凝聚力

学生工作管理队伍要紧紧围绕学校奋斗目标、紧扣学校发展定位、紧跟学校发展步伐,做到盯住目标不偏离、耐住寂寞不放弃。全体辅导员和学生工作管理者要互帮互助,团结协作,共同进步。

2.加强修养,提升道德力

要求辅导员示范德行,带头遵守校纪校规。在工作中做到平等对待学生,牢固树立以学生为本的理念,尊重学生创新性,关心学生疾苦,了解学生的难处,始终不忘责任,不辱教师的使命。

3. 持之以恒，提升学习力

（1）院系要为辅导员提供学习的平台，为辅导员"充电"提供良好的环境。

（2）培养辅导员独立思考的能力。因为当前我国高校从事专职辅导员工作的人员大多数是刚刚参加工作的研究生或者本科毕业生，社会阅历不足，缺乏处理问题的经验。

（3）辅导员要坚持理论与实践相结合的原则，努力把理论知识转化为谋划学生工作管理的思路、解决学生问题的办法和推动学生工作管理的本领。

4. 与时俱进，提升创新力

院系还在一定程度上要求全体辅导员努力探索学生工作管理新途径，解决学生管理工作中出现的新问题。

5. 爱岗敬业，提升执行力

要求每一名辅导员勤恳踏实、爱岗敬业，做到坚持政策不走样，灵活把握不教条。同时，认真负责，了解学生情况，解决学生矛盾，疏导学生情绪，处理矛盾时讲究策略，解决问题时注意方法。

三、完善院系学生工作管理的内容架构

（一）构建以学生安全管理为基础，促进学生全方位发展的保障平台

高校基层院系学生工作管理最基本的职责是保障学生生命、健康和

财产安全。院系必须采取有效措施构建一个安全、稳固的平台,为学生创造安全的学习、生活环境,以保护学生的生命健康和财产安全。

1. 要牢固树立安全第一的思想

利用网络、板报、开主题班会等形式,经常性地开展安全法制教育,使安全防范意识更加深入人心。比如,加强学生的安全意识,特别是防盗、防骗意识。

2. 加强对特殊学生的管理

院系学生工作管理者要时刻掌握特殊学生的情况和思想,一旦发现问题,要及时进行干预,必要时上报学校学生工作管理部门,寻求更高层面上的帮助。同时,还要关注产生问题的原因,以从根源上解决问题,如针对孤儿、单亲家庭学生,院系可以多组织些座谈会,让孤儿、单亲家庭学生互相了解,增强生活信心;对于有学习方面困难的学生,学院安排教师或者学习成绩较好的同学展开帮扶;对于确诊有心理疾病的学生,学院在保密的前提下,邀请心理健康教育中心的老师,为其做好心理疏导工作,避免问题的进一步恶化。

3. 完善突发事件应急预案和学校公寓管理办法

要经常性地进行突发事件的演习,使得学生工作管理者在演习中不断丰富经验,当危机来临时,就能以良好的心态和恰当的方法应对,并建立完善的危机预警机制。一个完善的危机预警机制,是院系面对危机的最主要的手段之一,对于解决危机起到不可估量的作用。

（二）构建指导学生成长成才，促进学生全面发展的服务平台

当代大学生应当具备的各项能力，可以归纳为思想领域和实践领域两个方面。其中实践领域包含专业技能、人际交往能力、应变及抗压能力等。

学生的全方位发展是院系学生工作管理内容的本质所在，以学生全方位发展为依据，建立起培养学生综合技能的帮扶指导平台。第一，构架学生的专业规划。第二，指导并培养学生适应社会的各项能力。院系必须充分了解当前的社会发展现状，结合当代学生的各类特点，有针对性地组织开展相应的活动，制定行动方案，且贯彻执行于大学生活的始终。

第六章 创新理念下的高校教学管理

第一节 创新及创新人才

一、创新的基本理论

(一)创新的定义

在汉语中,过去没有"创新"一词,《辞源》中也没有载入。后来,汉语中使用"创新"这一词汇时,一般的解释为"抛开旧的,创造新的"或"创造革新"。在英文中,"创新"(innovation)则是一个由来已久的词汇。它来自拉丁文。拉丁文词根 nova 表示"新的"意思,加上前缀 in 导致动词化,具有"更新"的含义,意味着对原来已有的东西加以更新和改造。

创新较早在经济学中得到运用。美籍奥地利经济学家约瑟夫·熊彼特在德文版《熊彼特:经济发展理论》一书中就提出了创新的概念。在熊彼特看来,所谓创新,是建立一种新的生产函数,即把一种从未有过的关于生产要素和生产条件的新组合引入生产体系。这种新组合包括以下内容:引入新产品;引进新技术,即新的生产方法;开辟新市场;开拓并利用原材料的供应来源;实现工业的新组织。在其理论中,创新是经济增长和发展的主发动机,创新导致经济增长与发展,创新的周期决定了经济增长与发展的周期性循环。熊彼特提出的创新概念实质上蕴含着技术创新和制度创新两层意思。

综合各种研究和各个领域的创新定义,即创新是开发一种新事物的过程;创新是应用知识或相关信息创造和引进某种有用的新事物的过程;创新是对一个组织或相关环境的新变化的接受;创新是指新事物本身。具体来说,就是指被相关部门认定的任何一种新的思想、新的实践或新的制造物;创新是产生新思想到行动。这些定义从不同侧面反映了创新的本质特征。

可见,创新是一个内涵丰富的概念。从本质意义上理解,可以概括为:创新是主体(人们)为实现一定目的,遵循事物发展的规律,对事物的整体或其中的某些部分进行变革,从而使其得以更新和发展的活动。这种更新与发展,可以是事物的一种形态转变为另一种形态,如知识形态转变为技术形态,基础成果形态转变为应用成果形态,不完善形态转变为完善形态,等等;还可以是事物结构内部构成因素的重新组合,这种新组合导致事物的结构更合理,功能更齐全,效率更高。总之,创新具有目的性、能动性、规律性、变革性、新颖性和价值性等特征。

(二)创新与创造的联系与区别

创新与创造是一对关系密切的概念。在不少研究文献中,往往把创新与创造视为一物,认为创新与创造只有概念上的差别,没有实质上的差别。这种认识失之偏颇,应该说创新与创造确有紧密联系,存在相通和共性之处,但两者实质上又有明显区别,而且两者的关系更多地体现在区别上。

对创造(creation)的定义,国内外众多学者进行过归纳,日本创造学家恩田彰在其著作《创造的理论与方法》中,就列举了人们提出的有关创造的83种定义。虽然定义众多,阐述各异,但人们对其本质特征的认识则是比较一致的,即创造必须具有以下特征:一是首创的、独创的,凡是创造就意味着是前所未有的成果,不能是简单的重复或原样模仿;二是必须对社会有意义或有用,解决存在的实际问题或理论问题。

因此,认真分析,创新和创造既有共性,又有实质区别。共性之处在于:创新和创造都具有目的性、能动性、规律性、新颖性、发展性和价值性等特征。而且,在某些情况下,人们习惯于强调两者的共性和相通性,通常相互替用。特别是在教育领域,在对学生的发展要求上(如创新意识和创造意识、创新能力和创造能力、创新思维和创造思维、创新精神和创造精神、创新个性和创造个性等),人们就常常替换使用。

二、创新人才的基本理论

(一)创新人才的内涵

劳动者是生产力中最革命、最活跃的因素;而创新人才则是劳动者中最积极、最进取的成员,是先进生产力和先进文化的开创者和代表者。纵观现代社会,创新和创新人才已成为一个国家综合国力的重要组成部分,关系到国家的发展和民族的前途和命运。

那么,什么是创新人才呢?对此,人们较为一致的认识是,判断一个人是否属于创新人才,其标准不在于他从事什么职业,不在于他地位和学历的高低,而在于他能否创新,能否视创新为己任,善于学习和研究,勇于实践,取得杰出的创新成果。正如美国哈佛大学校长普西所指出

第六章 创新理念下的高校教学管理

的:"能否进行创新并取得成果,是一流人才与三流人才之间的分水岭。"

因此,创新人才是具有探索性、创造性、开拓性的人才。具体地说,创新人才必须具有以下特质:一是具备广博的知识,并具有如饥似渴吸取知识的欲望和兴趣。因为只有具备广博深厚的知识,才能发现问题、提出问题、解决问题,并形成新概念,做出新判断,产生新见解。二是具备强烈的创新意识,并具有不屈不挠坚持创新的热情和勇气。因为只有具备强烈的创新意识,才能把握机遇,深入钻研,紧追不舍,并确立新目标,制定新方案,构思新计划。三是要具备较强的创新能力,并具有独辟蹊径开拓进取的胆识和魄力。因为只有具备创新能力,才能高瞻远瞩、求实创造、开拓进取,并不断开辟新思路、提出新理论、探索新方法。四是要具有百折不挠的意志,才能不畏困难,不惧挫折,并闯出新道路,迎接新挑战,取得新成果。我国著名学者北京大学教授黄楠森在其《创新人才的培养与人学》一文中这样定义:"什么是创新人才?创新人才的最根本的品质是具有自觉的创新意识、具有缜密的创新思维和具有坚强的创新能力。"因此,创新人才是指那些具有优良品质,富有创新意识,具备创新能力和创新精神,在科学研究和社会实践活动中,通过创新实践取得杰出创新成果,为人类不断认识和改造世界,为社会、经济和科技的发展进步做出积极贡献的人。

(二)创新人才的特点

培养人才是高校最基本的职能。那么,培养推动社会发展的创新人才,自然成为高校教学改革的主要任务。要培养具有创新能力的人才,首先要清楚创新人才有何特点。

1. 创新人才的创新思维

思维是人类所特有的天赋，是人类在劳动协作和语言交往的社会实践中产生、发展起来的。创新思维则是人类的一种复杂的、高层次的思维。创新思维泛指个人创造新事物、新概念、新产品的能力，是人类创造性的操作化、具体化和物质化。创新思维可分为发散思维和收敛思维、辩证思维和批判思维两大类。

(1)发散思维与收敛思维。发散思维(divergent thinking)以形象思维为基础，在创造和解决问题的思考过程中，不追求问题解决的唯一正确答案，通过想象让思想自由驰骋，从不同角度提出解决方案。发散性思维包括逆向思维(发现一种现象，则想到它的反面)、纵向思维(发现一种现象就向纵深思考，探究其产生原因)和横向思维(发现一种现象就能联想到与其相关的事物)。吉尔福特指出，发散思维具有灵活性、流畅性和独特性三个基本特征。灵活性指对事物能够随机应变，不受各种心理定式的影响。流畅性指对事物反应迅速，在短期内快速思考。独特性指对事物有不同寻常的见解。

收敛思维(convergent thinking)以逻辑思维为基础，集中各种想法的精华，把解决问题的各种可能性都考虑到之后，再寻求一个最佳答案。收敛思维主要包括演绎思维和归纳思维两种。前者通过一般原理的逻辑关系来证明特殊事实的存在，后者通过特殊事实的逻辑分析来证明一般原理的存在。收敛思维具有综合性、连续性和求实性三个基本特征。综合性指把大量的观察材料和事实综合在一起加以分析，把握其个性特点，再从中归纳出事物的规律。连续性指收敛思维的思维方式一环扣一环，联系非常紧密。而且收敛思维是对已有信息的理解和应用,具有很强的求实性。

(2)辩证思维和批判思维。辩证思维(dialectical thinking)指个人具有辩证地判断某一事物和现象好坏、利弊的能力。辩证思维是按对立统一的矛盾运动形式来反映客观事物的思维活动,是人类思维发展的最高形式。要求应随着事物发展的变化联系、发展地看问题,不能囿于某种狭隘单一的模式。

批判思维(critical thinking)指个人对所看到事物和现象的性质、价值、精确性和真实性等做出判断,并有独特的见解。我国在培养批判思维时,较多地关注这种思维技能的开发,而非与其他思维的综合运用。批判思维不等于创新思维,会质疑不等于会创新。在培养学生批判思维的过程中,不仅要强调学生能解决问题,还要会自己发现新问题;不仅要掌握知识,还要理解知识获得的过程。

创新思维是形成创新能力的核心内容。没有创新思维,人就不可能形成创新意识,也就不可能具有创新能力。教师在教学中要培养学生的发散思维和收敛思维、辩证思维和批判思维,并能教导学生将其综合运用,最终养成良好的创新思维能力。

2.创新人才的智能结构

所谓智能结构,是指创造主体为了某种既定目标的需要,由不同的相关知识按一定的方式组合及由从事某种活动的潜在和实际的客观力量构成的知识与能力的综合知识体系。判断一个人是否有知识,不仅要从他"知道什么"来辨别,还要从他"会做什么"来识别。也就是说,人才不仅要具备理论知识,还应有实践能力。

(1)创新人才的知识结构。当前科学的发展呈现出多元化、综合化特点,出现了自然科学与人文社会科学融合的趋势,新的科学发现往往在交叉学科、边缘学科之间产生,这就要求人才必须具备多元化的知识结构。知识结构是指一个人为了实现既定的目标,经过对所学知识的选择、组合而形成的具有一定层次、互相协调作用的知识系统。

创新人才应具备四类知识。其一,厚实的基础知识。基础知识是一个知识体系的根基,包括一般基础知识和专业基础知识。随着市场经济的不断完善、高科技的迅猛发展及社会产业结构的不断调整,职业将随时发生变化。为适应这种变化,就必须靠扎实宽厚的基础知识,保证自己有较强的发展后劲。其二,精深的专业知识。专业知识是一个人使其所具备的知识获得创造性应用的重要桥梁。所谓精深,是指大学生把自己所从事专业的知识和技术向纵深发展,精益求精。然而,目前由于科学的多元化发展趋势,仅有本专业的知识还不足以使人才具有创新能力。只有将所学专业知识和相邻专业知识紧密结合,才能获取更新的知识,从而获得新发现、产生新发明。因此,相邻专业知识也是知识结构中不可或缺的部分。其三,实用的方法性知识。方法性知识在人的知识结构中起润滑剂的作用,由学习方法和创造方法组成。熟练运用学习方法会使学习绩效达到事半功倍的效果,而把与创造有关的技法融入学习中,将更加促进其创新能力的养成。其四,有效的应用性知识。一个真正的人才,除了掌握"是什么"的知识外,还应知道"怎么做"的知识。关于"怎么做"的知识有很多种,此处仅归纳其最主要的内容,即如何实践和怎样合作的知识。

在这个知识结构中,基础知识和专业知识是学生应该掌握的核心知识,方法性知识和应用性知识均是方法论知识。如何把方法论知识融入核心知识的学习中,是一个值得研究的课题。

第六章 创新理念下的高校教学管理

(2)创新人才的能力结构。能力是与顺利地完成某种活动有关的心理特征,通常是指个体从事一定社会实践活动的本领,知识与能力并不成正相关,即知识多,不一定能力强。掌握丰富的知识为人们的能力提供了发展机会,而能力又是在学习知识的过程中逐步发展起来的。因此,作为实践基础的能力和作为理论基础的知识在创新活动中占有同等重要的地位。

能力结构分为四项内容,即基本能力、思维能力、科研能力及应用能力。

第一,基本能力。基本能力是指在创新活动中表现出来的能力,如观察力、记忆力和想象力等。

第二,思维能力。思维是人类特有的高级心理活动过程,它包括演绎归纳能力、抽象概括能力和判断推理能力。

第三,科研能力。该能力涵盖学习、研究和检索能力等。生活在信息时代的大学生应具备收集和处理信息、查阅文献和图书资料、利用网络检索资料及了解专利信息检索等能力。据美国科学基金委员会、凯斯工学院研究基金会及日本国家统计局的初步统计,一个科研人员在从事科研时,用在查找和阅读情报资料的时间占完成该项研究课题时间的50.9%。可见,快速有效地检索文献资料,并从中筛选有用信息的能力的重要性。

第四,应用能力。所有的知识和相关能力最终都要体现在应用能力之中,否则一切都是虚无的。应用能力包括实践能力、社交能力与合作能力。对理工科的学生来说,实践能力尤为重要,它包含实验能力、设计能力和动手能力。社交能力指协作能力、表达能力和组织能力。创新活动是一种复杂的社会活动,需要一定的交际能力,与他人进行团结合作,从而取得成功。据统计,现代科学技术中重大的创造、发明95%以上都是集体合作的结果。较大的科研项目往往需要多种专业、多个部门的人一起研发。此时,人与人之间的合作能力显得极为重要。

3.创新人才的人格品质

不可否认,创新思维和智能结构是形成创新人才的重要因素,但作为非智力因素的人格品质对创新人才的创新行为起着维持、强化、引导和调节的作用。1990年,耶鲁大学心理学教授和新罕普夏大学教授共同提出了情感智力(emotional intelligence)概念。情感智力是准确评价、表达和有效调节人与人之间的感情,并在产生动机、做出计划和取得成就过程中付出情感的能力。美国著名心理学家丹尼尔·高曼认为情感智力对人的影响绝不仅限于科学知识的传授,人们所取得的成就有20%归于智商,80%取决于情商。以下将从个性特征和心理品质两个方面论述创新人才的人格品质。

(1)创新人才的个性特征。人的个性是指一个人身上经常地、稳定地表现出来的心理特点的总和。无论在古代还是现代,无论在国内还是国外,创新人才都具有独特的创新人格特征。正是这些特征与创新人才的思维、智能结构和心理品质相互作用,才使之表现出与众不同的创造力。创新人才的个性具有强烈的动机、浓厚的兴趣、顽强的意志、稳定的情绪等特征。

第一,强烈的动机。动机按其动力来源可分为内因性动机和外因性动机。内因性动机指创新人才的行为是由于个体内部的自身原因而激发的一种动机。外因性动机是迫于外界的压力,被动产生的一种动机。内因性动机是发自内心深处的,是基于对创新的深刻认识而迸发出来的,因此无论在创新的过程中遇到什么艰难险阻,创新者都能以不同于常人的信心、热情、毅力及行动克服困难。由于受外在利益的驱动或外力的压迫,由外因性动机激发而进行的创新活动往往经受不住困难的考验,容易放弃目标。因此,在培养学生的创新动机时,要注意加强自身内部动机的培养,并逐步将动机发展为兴趣。

第二,浓厚的兴趣。著名心理学家皮亚杰认为,"一切有成效的工作必须以某种兴趣为先决条件。兴趣是人们力求认识某一事物或爱好某种活动的一种持久的稳定的认识倾向。"对某事物产生浓厚的兴趣是创新人才不可缺少的个性品质。具有创造力的人,通常对各种事物都很有兴趣。一旦对某事物产生兴趣,他们将不知疲倦地钻研,废寝忘食地工作,不畏艰险地探索。要造就学生良好的兴趣品质,一是培养广泛的兴趣,以开阔视野、拓宽知识面;二是培养高尚的兴趣,做出利于社会、益于人类的贡献;三是培养持久稳定的兴趣,要持之以恒,忌见异思迁。

第三,顽强的意志。爱因斯坦曾说:"优秀的性格和钢铁般的意志比智慧与博学更为重要。"意志是人自觉地确定目的,并根据目的调节支配自身的行动,克服困难,去实现预定目标的心理过程。对于创新人才而言,他们的个性中都表现出一种坚韧不拔的意志、锲而不舍的毅力,具有较高的"逆商"。逆商是指人们面对逆境时的反应方式,也就是面对挫折、摆脱困境和超越困境的心理能力。具有较高的逆商和顽强的意志是创新者将新思想转化为现实的重要心理条件之一。任何创造性成果从创意的产生到创造性产品的出现,都必须经过漫长的表现、加工、整理、润色、完善的过程。在这个漫长的过程中,创新者通常会经历无数次的失败。只有具备顽强意志的创新者,才有足够的毅力克服创造过程中的一切困难,才能从失败和逆境中奋起,从而取得辉煌成就。

第四,稳定的情绪。情绪是人对客观事物或对象所持态度的体验。因情绪由一定情境所引起,并随情境变化而迅速变化,所以具有很大的波动性。情绪通常有积极和消极之分。积极的情绪能激励人们克服艰险,攻克难关,以最大的热情、最佳的精神状态从事创造性工作。反之,消极的情绪对此具有抑制作用,人的精力和体力都会减弱,难以完成创新活动。因而,保持积极、稳定的情绪有助于创新人才产生强烈的创新动机,确定崇高的创新目标,产生强大的创新动力,在创造活动中最大限度地发挥各种潜能,从而提高创新的效率及成功率。

(2)创新人才的心理品质。人在进行活动时,其态度和行为主要通过情感和意志来调节,并贯穿该活动的全过程。创新人才在进行创新实践活动时,多具有独立性、探索性、坚韧性、自控性与合作性五种心理品质。

第一,独立性。独立性是指思维和行动不易受他人或外界的影响,能够独立思考、判断、选择、行动的心理品质。一个创造能力强的人,往往有较强的自信心,不从众,不迷信权威。虽然创新人才具有较强的独立性,但这种独立并不等于孤僻。因为尽管创新活动是个体的实践活动,其本质却是社会性的活动,是在人与人之间的交往、配合、协调中发生、发展并取得成功的。所以,在培养学生具有独立性品质的同时,还应注意培养其善于合作的心理品质。

第二,探索性。探索性是指有相当的胆识,敢于质疑、敢于冒险、勇于创新、勇于承担责任的心理品质。进行创新活动就是要做别人没想过、没做过或做过却未成功的事,因而勇于探索是创新个性中重要的心理品质。

第三,坚韧性。坚韧性是指为达成某一目标,坚持不懈、锲而不舍,并能忍受无数次的失败与挫折的心理品质。德国物理学家马克斯·普朗克曾说:"对于一个目标、一个目的死不放手地追求,于研究者是必不可少的条件。"

第四,自控性。自控性是指自觉地调节和控制自己的情绪,约束自己的行为的心理品质。具有自控心理品质的人,在面对失败时,善于用幽默乐观的态度调整自己的情绪,并从失败中总结教训,为日后成功提供经验。

第五,合作性。合作性是指善于理解沟通、体谅合作伙伴,善于交往、合作、共事的心理品质。随着科学综合化的发展,越来越多的创新活动出现在交叉学科中,这需要多种学科的人才相互弥补知识的不足,共同取得成功。

第二节 创新人才培养

高等学校作为培养高层次人才的基地,其环境与氛围对创新人才的塑造有着相当重要的作用,高校应正确认识和把握创新人才培养的障碍因素,并采取有效措施,切实加强创新人才培养力度。

一、树立培养创新型人才的教育理念

第一,要树立以学生为本的理念。面对21世纪的严峻挑战,现代高等教育理念的核心应该是坚持以学生为本,实现人文、科学、创新的统一,把学生培养成人文精神、科学素养、创新能力和谐发展的一代新人。以学生为本强调在培养学生的过程中还给学生自主权,避免用一个"模

子"要求和培养全体学生,致使学生千人一面。学校对教育教学的管理、对学生评价的标准和体系及教师对教育教学的理解和实施,都要体现出因材施教的理念。

第二,要树立张扬个性的理念。个性,是个人区别于他人的独特的心理、生理特征。从抽象的意义上说,人的个性包括独立性、独特性、创造性和完整性,其中,创造性是其他特征的动力,是个性的最高表现。大学时期是个性形成和发展的重要阶段,高等教育迫切需要转变观念,承认差异,尊重个性,发展个性,从学生的个性出发,加强其独立人格的培养,让创新精神和创新能力成为大学生的"第二张文凭"。

第三,要树立民主化的理念。科学研究和社会实践证明,人的创造意识和创新精神与人际关系密切相关。陶行知先生曾提醒人们:创造力最能发挥的条件是民主。在人才培养的理念上,民主体现的是师生之间平等、合作、开放的密切关系与和谐、共融、安全的精神氛围。民主化理念倡导的是在真理面前、学术面前人人平等,学生是学校的主人,提倡充分发展学生能力与个性,追求师生人格的自由与舒展。因此,民主是高校创新型人才培养不可或缺的土壤。

第四,要树立开放化的理念。所谓开放化理念,是指高校的人才培养要打通教学与科研、社会与校园、课堂与实践、教师与学生的传统关系,在民主教学的基础上,培育学生开放性思维和开拓性精神。

二、构建合理的创新培养体系

构建合理科学的高校创新培养体系,首先要从物质层次上予以保证,学校要提供进行创新研究的实验技术设备条件,要建立可供师生自由参加,进行学术讨论和思想交流的轻松休闲式的学术交流场所,创造一个可供师生便捷获取科技前沿信息的信息环境。其次,要从制度层次上引导学生树立创新意识,进行创新思维,开展创新研究,取得创新成果。为避免培养创造性人才流于形式,学校必须从制度层次上重新修订人才评价标准,把创造性培养纳入教学计划,形成创新激励机制,建立内容丰富的课外创新活动制度。最后,要在学校目标、办学宗旨、教育思想、学校精神、校风学风等观念层次上确立创造性人才培养和鼓励创新研究的思想、意识和观念,把创新精神作为学校精神的组成部分,为创新培养体系提供重要的精神源泉和动力;努力形成重视创造性培养的教育思想和价值观;营造具有鼓励创造的校风和学风,使之成为有利于创新的无形的巨大推动力量。

三、构建创新人才培养的课程体系

世界高等教育课程体系改革正在向课程的综合化、平台化、多样化、弹性化和开放化发展。培养创新型人才,必须充分吸纳当代自然科学和人文社会科学的最新成果,建立符合受教育者全面发展规律,激发受教育者创造性的新型课程体系。一是统一安排各专业公共基础课,然后按一级学科及学科大类设置专业基础课,再在大类下既体现专业培养目标和要求,又体现学校专业办学特色的专业课。二是把课程分为必修课和选修课,扩大选修课的比例,并细化为公共选修、专业选修和辅修专业选修或系列课程选修。三是增大实践教学的比例,加强学生的实践能力和动手能力,提供创新的机会。四是统筹安排人文、社科、经济、管理类等课程。五是在选修课中开设创造学和创造工程的课程,如《创造学》《创造心理学》《创造力开发》《创造工程学》等。

四、倡导创造性学习

作为学生,首先要学会读书。读书的第一个层次是感知,第二个层次是理解和记忆,第三个层次是鉴别和创造。要使读书不停留在第一和第二层次,就要充分运用发现式学习方法,即把学得的新知识与已掌握的知识进行鉴别、比较、综合、归纳,探究知识的内在联系,做到举一反三,触类旁通。其次要学会自学。自学能力是人的一种基本学习能力,人的一生的知识大部分要靠自学获得。因此,作为学生要主动培养自己的自学能力,学会查阅工具书和参考资料,进行资料积累和卡片制作,独立进行练习和自我检测,不断进行知识积累,培养自己的创造才能。最后,要善于从实践中学习。要深入社会这个大课堂中,亲身实践,把书本知识和实践经验结合起来,把理论和实践结合起来,学以致用,这是培养创造能力的关键所在。

五、抓好创新型师资队伍建设

常言道:"名师出高徒,将门出虎子。"建设一支结构合理、素质较高、具有创新意识和奉献精神的师资队伍是培养创新型人才的关键。教师不仅要精通所教学科的专业知识并掌握相应的教学方法和实验技能,还要通晓素质教育、创新教育的方法和艺术。教师的创新意识和创新能力的高低对学生创新意识和创新能力的培养有着直接的关系。教师的创新意识及创新能力强,通过言传身教,就会使学生在教与学的双向活动中,不仅学到新的知识和技能,还会受到种种启迪,领悟到种种创新的方法和途径。另外,教师还应注重培养自己良好的教育作风,放弃以自我为中心的权威意识,改变全面灌输的课堂教育方式和现有的陈旧教学手段,摒弃以自己的思维模式限定学生学习行为的做法,逐步养成良好的教学作风。

第三节　创新人才培养与教学管理的关系

如果教学管理部门要满足创新人才培养对教学管理改革的要求,就要从思想上认识到创新人才培养的重要性,始终围绕"以学生为主体""以学生为本"的观念开展工作。教学管理是学校教育工作的重要组成部分,教学管理创新是培养创新人才的关键。从完善学分制教学管理制度、提高教师综合素质、制定教与学的评价标准及营造创新环境四个方面,改革我国高校的教学管理,以满足创新人才培养的要求,在当前深化教育教学改革中无疑是十分重要的。

一、完善学分制教学管理制度

学分制是以学分为计算单位,衡量学生学业完成情况的教学管理制度。现阶段我国高校推行的学分制可主要归纳为"四制",即选课制、导师制、弹性制及淘汰制。学分制的学制和教学计划较学年制更具弹性,管理更具灵活性,为学生的个性发展拓展空间,为学生的自主权提供制度保障,为培养学生的创新精神和创新能力提供了有利的条件。

(一)为学生的个性发展拓展空间

中共中央、国务院《关于深化教育改革全面推进素质教育的决定》要求:"高等学校要创造条件实行弹性的学习制度,放宽招生和入学的年龄限制,允许分阶段完成学业。"学分制可以充分发挥其聪明才智,可以选修多门课程、选修难度较大的课程或提前修完课程。对于学习基础不太好的学生,可以从实际出发,安排适合自己的学习进度,如减少某学期的选修课程,延长学习时间甚至改选其他课程。对于有专业特长的学生来说,学分制更是可以使其选修自己喜爱的课程,从而使之在某方面脱颖而出。至于有特殊要求的学生,学分制允许修满基本学分后提前毕业或参加工作,甚至可以保留学籍,中途休学,并允许在一定的时间内复学继续学习。总之,学分制的实施使每个学生各得其所,为学生的个性发展提供了足够的空间,如自由选择课程、自主决定学习年限,充分体现个性差异。

(二)为学生的自主权提供制度保障

学分制中的选课制允许学生在一定范围内有自主选择专业、选择课程、选择授课教师、安排学习进程的权利。学生可以根据社会需要、就业需要、个人发展需要适当调整学习内容、速度和方法,构造自己的知识体系,组成优化的知识结构。因此,学分制在教学过程管理上、在学习过程中赋予学生很强的灵活性,为学生的自主权提供了保障。

当然,学分制在实施过程中难免会存在不足。对学生而言,学分制存在的最大弊端就是学生选课往往具有一定的盲目性,如避难就易,拼凑学分。如果学生在选课时教师不加以指导,易导致知识结构缺乏系统性和完整性,从而影响其创新能力的培养。

二、提高教师综合素质

高校是否拥有一支教学水平高、科研能力强的教师队伍,直接关

第六章 创新理念下的高校教学管理

系到能否培养出社会所需要的合格人才。建立一支高素质、高水平的教师队伍,离不开师资队伍的建设与管理。只有加强高校教师的师德建设、提高教师的教学与科研水平,才能使高校的教育质量得到保证和稳步提高,才能培养具有创新能力的人才。

(一)加强师德修养

加强教师的师德修养主要从职业道德和学术道德两个方面进行。

长期以来,我国高校大部分教师都兢兢业业、恪尽职守,为高等教育事业做出了无私的奉献。然而,尽管高校教师队伍的整体素质不断提高,但在改革开放和市场经济的大环境下,教师在师德方面仍不同程度地存在一些问题。全国高等学校教师培训专题调研课题组开展了高等学校教师培训大型专题调研。据此次调研结果统计,41%的学生认为有一半以上的任课教师教学"精力投入不足,教学不够认真,上完课了事";50.5%的学生认为有一半以上的任课教师没有做到"为人师表,教书育人"。数据表明,目前有为数不少的教师对教学工作投入不足,缺乏爱岗敬业精神。试想,对待工作敷衍了事的教师如何培养出具有良好人格品质的学生?如何培养出对社会有益的学生?正如前苏联著名教育家苏霍姆林斯基所认为的那样,"受教育者是教育者的一面镜子,学生的品学取决于教师的德才"。教师职业道德要求教师不仅要用自己丰富的学识教人,还要用自己高尚的品格育人;不仅要符合职业道德对其个人行为的规范要求,还要通过职业道德规范的行为感化学生的心灵,塑造学生的品质。

孔子早在两千多年前就说过:"其身正,不令而行;其身不正,虽令不从。"教师这个职业最大的特征就是示范性。教师的行为对学生具有直接或间接的示范作用,这就决定了教师要以身作则,处处起表率作用。在学术道德方面,教师尤其要在治学态度和科学精神两个方面为学生起带头作用。第一,严谨的治学态度。作为21世纪的教师,不应仅满足于完成日常的教学任务,而要在此基础上有所发展、有所创造,努力形成自己的教学风格。正如孟子所说:"教者必以正。"教师只有以身立教,不断追求新知,以完善的人格呈现在学生面前,才能真正确立自己在学生心目中的地位,最终对学生形成严谨治学的态度产生正面影响。第二,执着的科学精神。科学精神,就是在掌握一定的科学知识、科学方法的基础上,大胆怀疑,不断探索,努力求得对事物的规律性认识。科学精神中的实事求是、坚持真理、敢于质疑、不怕失败等品质在课堂教学中一时难以形成。在课堂上,教师可以讲解这些品质的含义及其重要性,却难以内化。因此,在学生课程学习和科研参与的过程中,教师要言传身教,逐渐培养学生对科学的执着和奉献精神。不具备良好职业道德和学术道德的教师不是合格的教师。低素质的教师更是不可能培养出适应时代发展需要的高素质创新人才。

(二)提高教学水平

培养人才是高校最基本的职能。该职能也同时决定了教师首要的职责就是教学。教师教学水平的高低直接影响学生培养的质量,从而影响创新人才的脱颖而出。高校要提高教师的教学水平主要通过培训,从内部提升其教学能力,然后通过教学管理部门从外部进行引导和督促。

内部提升指教师不断更新知识和提高教学能力,从自身的专业知识水平、专业技能及教学方法和教学技能上得到提高。高校要全面实施素质教育,提高人才培养质量,不仅要求教师学术水平高、学识面广,而且还必须具备较强的教学能力,娴熟地掌握先进的现代教育技术手段。这些能力的提高仅靠教师原有的学历教育是难以达到的,还必须依靠教师后期的继续教育才能实现。通过教育培训,教师应形成"以学生为中心""重在培养学生的能力、提高学生的综合素质"等教学理念,在教学中努力做到因人而异、因材施教,使用启发式、互动式、讨论式等多种教学方法,掌握多媒体课件等现代教学手段,努力激发学生的学习兴趣,调动学生主动参与教学过程的主动性和积极性。只有具备这种教学理念与教学能力的教师,才会在课堂教学中注重启发学生的思维,培养学生的创造能力和实践能力,而不是单纯地传授书本知识。

外部督促指借助教学管理部门对教师的授课计划、教学过程及教学质量进行监督检查,以促进教学水平的提高。通过监督检查,部分不太重视教学的教师必将认真制定教学方案,做好课前准备,组织课堂教学,完成课后答疑,确保高质量完成教学任务。只要通过认真地教学,教师必定能提高教学水平和教学能力,为培养创新人才提供最基本的条件。

鉴于教师教学水平对创新人才培养的重要性,教学管理部门必须加强对教师的培训和再教育,以提高教师的教学思想、教学能力和教学水平,最终完成培养创新人才的教育目标。

(三)提高科研水平

高等教育的最终目标是为社会培养高素质、强能力的高层次专门人才,这需要教师在教学中,不仅要向学生传授已有知识,更要注意培养他们的能力。如果说教师教学水平的高低决定了学生质量的好坏,那么教师科研水平的高低则在较大程度上决定了学生创新能力的强弱。

教师从事科研,不仅可以不断提高自身的学术水平和研究能力,还可以结合教学将学术前沿的最新动态告诉学生,使学生了解到该学科的发展和走势,激发学生的求知欲望与创新精神,拓宽学生的知识面。另外,教师严谨的科研态度,会潜移默化地影响学生的学习态度。教师可以将研究思路和方法介绍给学生,这对培养学生的科研能力、思维能力及创造能力起着直接的教育作用。因此,对高校的科研成果不仅要强调它加快向生产力的转化,也要强调它向教学过程的转化。如果不将科研能力和科研成果应用于教学,就达不到高校开展科学研究为培养人才服务的目的。科研成果及时向教学转化,不仅可以丰富和完善教学内容,还可以为学生营造一个利于"培养创新能力"的外部氛围。

无法设想,一个完全不从事科研、不懂得科研方法的教师,如何培养学生的研究能力、挖掘学生的创新能力。只有教学和科研的良好结合,才能保证教学质量,才能培养出时代需要的"厚基础、宽口径、强能力、高素质"的创新人才。

三、制定教与学的评价标准

(一)对教师"教"的评价标准

所谓教师评价,就是对教师工作现实的或潜在的价值做出判断的活动。它的目的是促进教师的专业发展,提高教学效能。高校在制定教师评价标准时要注意改变目前存在的三种现象,一是重科研评价,轻教学评价;二是重教学结果的评价,轻教学过程的评价;三是重教学能力的评价,轻个人品质的评价。

第六章　创新理念下的高校教学管理

▶▶ 1.重视教师教学工作的评价

为在评价中取得好成绩,被评者通常会按照评价者的要求去做。评价者把评价重点放在权重系数较大的指标上,被评者必然将工作重点放在这类指标上。反映在教学评价中,就是高校对教师的考核标准无形中使教师更愿意倾向于科研,而不愿意教学,这是高校中较为普遍的一种不正确的倾向。学校对教师教学工作的考核以是否完成基本工作量为标准,而对科研工作的要求既具体又过硬,如项目的级别、数量与经费,论文的数量与级别,获奖等级,等等。科研工作的好坏与职称、收入及晋升的机会有着非常直接的联系,教学工作的好坏却并非如此。透过如今高校重科研、轻教学的现象不难看出,评价标准对教师选择倾向科研的举措产生了较大的影响。正如斯腾斯托孟所说:"在我们认可的价值体系中,教学只给了很小或非常小的优先或重视。"教师轻教学将导致教师课前不认真准备、上课只求完成任务、课后难觅踪影的现象发生。这不仅影响了教学质量,而且给学生做了不良的示范。因此,在制定评价标准时,除了要考察教师的科研水平外,还应重视教师的教学水平。教师的教学水平,一方面体现在其培养的学生质量上,如学生理论课的学习质量、实践能力的培养和提高、学生毕业设计(论文)的质量、学生发表论文的数量与级别、参加学科竞赛的学生数量与获奖情况等。另一方面体现在其自身的教学研究上,如改进教学方法、融科研成果于教学内容中、撰写关于教学体验的论文等。只有教师重视教学,才能提高教学质量,才能为培养具有创新能力的人才提供保障。

2. 重视教师教学过程的评价

教学是一个过程,教是教师传授知识、传播科学文化、答疑解惑的过程,学是学生接受知识和科学文化、通晓事理的过程,其最终目的是培养学生的全面素质。多年来,教学评价一直遵循这样的发展趋势,即通过学生的学习效果评价教师的教学效能。虽然教师的最根本任务是培养学生,但仅凭学生质量的好坏来评价教师的教学水平的高低是不科学的。对教师的教学评价不仅应体现在教学效果上,更应体现在教学过程中。最好的教学过程评价就是要从"以学生的学评价教师的教"出发,从学生的学识、能力、素质和情感等方面的发展程度来评价教师的教学质量。课堂教学评价关键要看教师在教学过程中是否发挥了学生的主观能动性,激发了学生的创造性。因此,评价教师的教学工作,要考察其教学活动的全过程,而不是局部,更不能只看结果。

3. 重视教师个人品质的评价

教师工作的示范性特质决定其一言一行都会给学生带来深远的影响,评价教师的个人品质正是基于此原因。评价教师的个人品质应从两个方面进行。首先,评价教师的师德修养。教师的职业道德涵盖爱岗敬业、关爱学生、严谨治学、团结协作等内容。师德的好坏将直接影响一代甚至几代人的成长。其次,评价教师的科学素质,即敢于质疑、勇于创新、善于探索、坚持真理的科学精神。只有具备这种科学精神的教师,才会教导出能持之以恒做学问的学生。王选院士说过:"一个教师如果只有高深的学问,没有崇高的理想和探求真理的勇气与毅力,不可能在科学上做出重大成就。"

(二)对学生"学"的评价标准

▶▶ 1.统一的评价标准向多元的评价标准转化

美国哈佛大学心理学教授霍华德·加德纳于1983年在《智力的结构》一书中提出的多元智力理论认为,人除了言语－语言智力和逻辑－数理智力两种基本智力以外,还有视觉－空间智力、音乐－节奏智力、身体－运动智力、人际交往智力、自我内省智力、自然观察智力和存在智力。他认为,每个学生不同程度上拥有上述9种智力,智力之间的不同组合表现出了个体之间的智力差异。根据多元智力理论,学校在制定学生学的评价标准时,应考虑到学生的个体差异,淡化按统一标准评价每个学生的做法,建立促进学生全面发展的评价体系。

▶▶ 2.单一评价方式向综合评价方式转化

(1)评价方式的多样性。学校应改变以往一贯由教师通过考试对学生进行终结性评价的方式,多注重学生在学习过程中的学习态度、学习方法、学习效率等表现,采用形成性评价方式对学生的学习做出公正的评判。仅凭考试成绩的好坏评价学生是否优秀是不科学的,但完全不考核学生的学习效果也是不合理的。因而,学校应对学生采取形成性与终结性相结合的评价方式,既注重学生在学习过程中的表现,又重视学生在考试中的成绩。

(2)评价主体的多元化。我国教育一直以教师为评价主体,单方面对学生进行评价,尽管学生偶尔参与其中,但在评价中起的作用也非常有限。而学校培养的人才终将为社会所用,因此社会对学生的评价是最客观的,也是最有效的。学校不仅应突出学生在学校中的主体地位,使他们有权参与评价,还应让社会参与评价,对学校培养的人才做出客观有效的评判。

四、营造创新环境

更新教学管理思想、完善学分制教学管理制度、提高教师综合素质及制定教与学的评价标准是培养创新人才的重要条件,而这些条件的实施都有赖于学校的教育环境。因此,高校应营造一种具有浓郁创造气息的创新环境,为创新人才的成长提供生存场所和发展空间。这种创新环境应是开放的、民主的、自由的。

(一)开放的环境

大学不仅是知识的"仓库"和知识的"聚散地",更是生产新知识的"工厂"和产生新思想的"源泉"。新知识、新思想的产生,需要一种开放的环境。这种开放体现在两个方面:一是引进来。学校不能"与世隔绝",教学更不能"闭门造车",而应该与其他大学、社会多交流,经常邀请社会名流、知名学者来校讲学。鼓励教师、学生容纳不同的甚至是对立的观点,并对之怀有一种探究心理。二是走出去。经常派教师或教学管理者到国内外其他大学进行学术交流,派学生到其他大学做交换学生。

(二)民主的环境

民主的环境要求学校的教学管理具有民主性。民主管理有助于教师教学具有创造性,有助于在校园中建立一种益于创造的心理气

第六章 创新理念下的高校教学管理

氛,营造一种益于学生创新能力培养的环境,从而更有利于培养学生的创新能力和创新精神。

美国心理学家罗杰斯认为,"心理安全"和"心理自由"是促进创新性发展的两个条件。学生的创新能力可能表现出新异甚至怪异的思想、个性、行为或作品等结果。如果教学管理能够为学生提供一种容忍、赞许和鼓励个性发展的氛围和环境,那么具有创新性却偏离常规的学生就能获得一种"心理安全"感,不会因自己的与众不同,而担心受到讥讽、遭到打击,故采取伪装或放弃的方式保全自己。只有学生在心理上感到安全时,他们才敢于质疑,勇于创新,才可能自由地探索新问题,验证新想法。

(三)自由的环境

自由的环境主要体现在学术探讨和学术争鸣上。在这种环境中,教师和学生最低程度地受到外界的影响,可以自由教学、自由学习、自由研究、自由讨论及自由发表。学生的创新思维、创新精神、创新能力需要在这种自由的学术氛围中逐渐形成。思想自由是创造新知识的前提,但思想还需要在与他人(包括创造已有知识的前人)的交流与相互的批判之中才能形成,有了这个基础,才能产生新的思想,才能创造新的知识。当然,这种自由是权利与责任的统一,并不意味着不受任何规范的约束。教师的教学创新、学生的创新活动均应服从科学真理的标准,任何教师和学生都享有自由的权利,但同时又要尽相应的责任。

第四节 基于创新理念的教学管理

一、教学管理改革的指导思想

第一,教学管理改革必须坚决贯彻党和国家的教育方针和政策,根据高校教学特点和规律开展工作,一切措施必须符合教学规律。我国的高等教育以培养四化建设有用的人才为目的,高校的所有工作都是在这个大前提下开展的。我国高等学校教学管理的一切工作和措施都必须坚决贯彻教育要面向现代化,面向世界,面向未来的战略思想和国家的教育方针和政策,注重培养学生坚持四项基本原则,具有改革开放的意识,具有为国家富强和人民富裕而艰苦奋斗的献身精神,具有实事求是、独立思考、勇于创造的科学精神,使他们成为德智体全面发展的,有理想、有道德、有文化、有纪律的合格的社会主义建设的高级专门人才。高校教学管理改革也必须在这个大原则下进行,并按照教学规律办事,一切措施必须符合教学规律。

第二,高校教学管理改革必须坚持以教学为中心的原则,教学管理应该导向教学、服务教学。教学工作是学校的中心工作。学校的办学宗旨是培育人才,其最主要、最直接、最基本的目标是通过教学这一途径来实现的。因此,高校教学管理改革应紧紧围绕教学工作展开,以提高教学质量和效益为目的,以最大限度地满足教学改革的需要为最高原则,凡是教学改革需要的配套管理措施和要求,教学管理改革都应全力从管理的技术上找突破口并予以解决。

第三,教学管理改革必须以保持教学工作的稳定为前提,适应教学

第六章 创新理念下的高校教学管理

发展的要求,并推动教学改革的深化。教学的稳定是高校生存和发展的基础,一切教学管理改革工作都应在保持教学稳定的基础上有计划、有步骤地逐步展开。教学管理改革的思路和措施只有得到了教师、学生、学校各部门的理解和支持,才有可能顺利进行并最终取得成功。

第四,高校教学管理改革的一系列措施必须是衔接有序的高效操作系统,且必须以有利于人才的培养为标准。教学系统作为一个培养人才的高效系统,是否培养出高素质的社会有用人才是衡量这一系统效能的重要标准。高校的各种教学和教学管理改革都是为实现这一人才培养过程而做出的努力。高校的教学管理改革是为教学改革服务的,教学管理有序的可操作改革措施可推动教学改革的进程。

第五,教学管理改革的目标是提高教师教学和学生学习的有效性。从宏观上看,教学管理改革的途径之一就是创建科学的管理体制和管理机制,即要建立有效的激励机制、竞争机制,以达到培养高素质的创新人才的目的。从微观上看,就是要形成一系列科学合理的、具体的管理制度和管理方法,最大限度地为教师和学生的发展创造最优的环境,调动与发挥教与学两个方面的积极性。

二、教学管理改革的理论基础

教学管理活动作为一项庞大的系统工程,仅有丰富的实践经验是远远不够的。在面对日益突出的教学资源短缺,对人才素质的要求和学校培养目标之间的差距等诸多矛盾时,教学管理工作者应该借助系统论的理论和方法,把人本管理理念放在首位,努力提高管理的水平,提高教学的质量和学生的素质,并逐步适应新的教学管理规律。

(一)教学管理系统理论

系统科学与管理有着极为紧密的联系,任何一个有组织的管理单位,任何一个事物,都是一个系统,管理实际上就是对某一系统的管理。高校是一个社会功能系统,由主系统(直接担负培养人才任务而进行教学工作的系统)、支持系统(从人力、物力、财力等方面保证教学工作这个主系统进行工作的系统)和控制系统(管理、指挥、调节主系统和支持系统的系统)三个子系统组成。其中,控制系统即教学管理系统。教学管理本身也是一个复杂的系统工程,由自己的主系统、控制系统和支持系统组成。教学管理系统在高校党委和主管校长的领导下,以教务处为主形成运转灵活、上通下达、有权威、高效率的管理体系。完善的系统化的教学管理体系又是由若干个子系统构成的,如计划管理、课程管理、考务管理、学籍管理、成绩管理、信息管理等。

(二)人本管理理念

▶▶ 1.人本管理的含义

近年来,人本管理作为一种新的管理理念正风靡整个管理界,无论在企业管理还是在行政管理中,人们都纷纷提倡管理要以人为本。那么究竟什么是人本管理呢?顾名思义,人本管理即以人为中心的管理,它要求确立人在管理中的主导地位,其核心思想是管理在调动人的积极性的同时要促进人的全面发展。

2. 遵循人本原则，以个人目标与组织目标的双重实现为目标

现代管理从根本上说是对人的管理，目的在于发挥和提高人的积极性、主动性和创造性，这是管理和事业成功的根本。人不是"工具"，人是有情感、有意识、有追求、有思想的，教学管理也必须遵循"人本"原则，从人本意识出发，让教师、学生在完成工作、学习目标的同时实现自我价值。人本管理将人本身视为目的，它所追求的是个人目标与组织目标的双重实现。

3. 人本管理既是一种模式，又是一种新型的管理理念

不少理论工作者和实践中的管理者将人本管理仅视为一种管理模式，这是对人本管理的一种低层次的认识。人本管理是一种新型的管理理念、管理思想。这一理念贯穿教学管理活动的各个环节和各个层次，它在与教学管理实践相结合的过程中产生了许多具体模式，如学本管理、民主管理、沟通管理、文化管理等。

4. 人本管理是应用于教师和学生两方面的管理

教学管理中树立以学生为中心的教学理念，建立以学生为主体的教学体制，充分尊重学生学习的主体地位，培养学生的自我意识、主体意识和自我调节能力，从人的全面发展来培养人，并在教学管理的方方面面具体予以落实，只有这样才能发挥学生的主动性、创造性，培养其创新精神。同时，更应激发教师群体的积极性与创造性，尊重教师的情感、需求，使他们重视培养、激发与爱护学生的创新意识和创新能力。

三、高校教学管理改革的思路与举措

现行的高校教学管理有合理的成分,是进行教学管理改革和创新的历史基点,要改革或转变的是其弊病和消极因素。即在继承的基础上有所创新、有所前进。未来社会千变万化,新知识、新事物、新问题层出不穷,无论从事何种工作,必须具有创新精神,创造性地解决问题。俄国文学家托尔斯泰说:"如果学生在校学习的结果是使自己什么也不会创造,那他的一生将永远是模仿和抄袭。"

(一)转变教学管理思想,更新教育观念

高等学校领导对教学工作的重视程度是影响教学质量的重要因素,也是教学管理体系有效运转的前提。只有在高等学校发展中产生强烈的责任感、紧迫感,在理论研究中提高对高等学校教学质量保障理论的认识,才能提高教学质量,培养高素质创新人才。

当前,在教学管理工作中应结合高等教育改革精神,围绕学科专业建设、人才培养模式设计、日常教学运行、教学质量评价等教学管理的重点难点问题,抓住机遇,厘清思路,乘势而上,进一步广泛深入地进行转变教育思想、更新教育观念的学习和讨论,提高对教学管理工作的认识。

(二)建立健全教学管理制度

加强制度建设,完善和严格执行教学管理制度是保障教学质量的有效措施,是提高教学质量监控水平,并使教学管理制度科学化、规范化的基础性工作。

第六章 创新理念下的高校教学管理

（1）教学管理制度既是组织实施教学活动的依据，同时又对教学活动具有重要的导向作用。教学管理创新的核心是教学管理制度的创新。推进教学管理现代化，教学管理制度创新是关键。

（2）高校在对学校的教学管理体系与运行机制进行较为深入的研究的基础上，在实践中重点做好以下五个方面的工作：

第一，在构建教学管理体系过程中，要实行学校、学院、系（教研室）三级教学管理体制。学校成立教学委员会，在校长领导下，对全校的教学改革、教学建设及教学管理等工作中的重大问题进行决策、咨询、审议和监督；教务处作为职能部门，是学校实施教学宏观管理、目标管理的管理机构，重点实施教学质量的宏观评价、监督和检查工作。各学院成立教学指导委员会，定期研究教学工作中的重大问题，提出加强教学管理、提高教学质量的建议；建立院长负责下的教学"三干"制度，即由教学院长、教学秘书、教学干事全面管理教学工作。系（教研室）根据专业教学计划，制订本系（教研室）的教学工作计划，组织教师制订和实施教学大纲，选用或编写教材、实验实习指导书和教学参考书，开展教学研究和教学改革，积极进行教学建设，加强教学质量管理和系（教研室）人员的考评工作，实施和监督教学过程。

第二，加强基层教学组织建设，如在教务处新设立教学质量和实践教学科，并倡导建立学术型教学管理组织；各教学单位是教学实体，全面负责本单位的教学、科研和社会服务等计划的制定与实施，具体负责课程建设、专业建设、学科建设、师资队伍建设、实习基地建设、教材建设、教学质量监控与评估、教风学风建设、院系教学管理队伍建设及学生的学籍管理和教学秩序的管理与监督。

第三，推进学分制管理改革，制订一系列学分制教学管理制度。这样既能给学生创造宽松的学习环境，又能提高学生学习的积极性和主动性，以满足学生的个性发展需要。

第四，引入激励竞争机制，充分调动全员参与教学管理的积极性，激发教、学、管三个方面的活力。

第五，规范和完善教学计划的质量管理。一是专业培养计划制订，须遵循德智体全面发展的原则，注重学生知识、能力、素质的协调发展，体现知识结构和课程体系的整体优化，控制总学时，放活选修课。二是编写课程教学大纲，根据培养目标的要求及课程结构与教学安排的整体需要，组织教师编写课程教学大纲。三是各专业制订的实践教学大纲，要充分体现培养大学生创新能力、实践能力和创业精神等要求，坚持高起点、有突破的基本方针，体现科学性、前瞻性和可操作性，把产学研结合作为主线贯穿实践教学体系之中。

（三）改进教学管理的方法和手段

推进教学管理手段现代化是高等院校教学管理适应社会进步和科学发展的必然选择，是教学管理现代化的重要内容，是提高教学管理质量和效率的有效途径。

1. 要加强教学管理队伍素质建设

教学管理人员作为参与学校教学管理政策的制定者和执行者，必须具有良好的思想政治素质和较高的业务素质，才能对提高教学质量起到促进作用。每一个教学管理者都要树立全新的质量意识，明确管理就是

第六章 创新理念下的高校教学管理

服务,在自身的工作中,按照教学规律要求,把每个教学活动中各种要素尽可能优化组合,充分利用学校现有的教学资源,尽可能为师生的教学活动提供合理的安排和有利的条件。应对教学管理人员进行经常性的业务培训,提供进修和攻读高一层次学历的机会,以完善知识结构,提高理论水平和业务能力;要定期开展教学管理的学术交流活动,研讨教学管理理论及教学改革趋势,关注和把握人才培养的新情况、新问题,不失时机地开展教学改革。教学管理队伍要有一个合理的结构才能使教学管理工作高效、合理地正常运行,才能提高教学质量,才能够在新形势下不断改善教学管理模式。

2. 在教学管理队伍中建立竞争机制

通过竞争,激发教学管理工作的活力,使整个教学管理队伍显得生机勃勃。要建立健全教学管理岗位责任制,进行严格的定编、定岗、定职责,将职责落实到每一个教学管理人员。通过每一位人员尽职尽责地工作,来保证整个教学管理的质量;要健全竞争上岗机制,为教学管理人员创造公平、公正、公开的竞争舞台和发展机会,通过竞争体现优胜劣汰,提高整体素质;要采取有力措施,切实解决教学管理人员的工作条件、工作环境、职称地位和待遇问题,使他们安心做好教学管理工作。

3. 要树立教学研究与科学研究并重的意识

优秀教师首先必须是一位教学研究型教师,积极开展教学研究是每一位教师的基本职责和任务。要强化教研室在教学研究、教学改革中的目标和责任。精品课程、特色专业等要有相应的教学研究项目和教学成果作为支撑,各学院要组织力量对专业、课程、教材、教法开展专门、系列研究,鼓励教师对学生、学法、学风、学生能力素质开展深入、系统的研究,同时要加强科研工作,树立科研与教学并重的观念,以科研促进教学,提高教学质量。

4.规范教学管理

教学管理的规范化是要通过动员各方面的力量,制定出切实可行、行之有效的规章制度,并严格按章办事,以法治校,以法治学。在"教"方面,建立科学的教学质量考核等各类教学评价制度,公正的教学成果的各类优秀评定奖励办法,严格的教学检查等各类常规的监控,甚至惩罚的措施。在"学"方面,要建立起一套严而不死的学籍管理制度,科学合理的综合测评办法,灵活而富有激励性的学习奖励措施等。

5.加强教学管理信息化和网络化建设

建立一个符合校情的完善的教学管理信息系统,可使学校管理实现宏观调控和微观处理,使统计、评估和决策建立在更科学的基础上,有利于学生根据自己的情况和不同的教学环境选择课程、网上答疑、成绩查询等,从而充分发挥学分制的优点。另外,信息网络的使用可使教学管理信息资源达到共享的目的,提高管理的效益和质量。信息技术、网络技术等高新技术的飞速发展及其在教育领域的广泛应用,为教学管理手段的创新发展带来了机遇和挑战。从发展趋势看,信息网络技术已经开始广泛渗透教育和教学的全过程,并将进一步推动教育思想观念、教学模式、教学管理手段的全面变革。以计算机网络为物质技术基础构建教学管理信息化平台,实现教学管理网络化、信息化,是教学管理走向现代化的重要标志。

因特网的出现是信息产业化的一大进步,数字化、网络化迅速地改变着人们的生产方式、生活方式、交往方式。教学手段的现代化也正在对高等学校教学质量的提高起到毋庸置疑的重要作用。多媒体教学的采用,使课堂教学的密度极大地增加,直观性更强,教学效果明显提高,应该大力推广使用。在教学管理方面,如招生管理、学生成绩管理、学籍管理、课程管理、信息查询等方面,都应实现网上运行管理,这样就可极大地提高工作效率。学生撰写论文,上网查询资料,会极大地增加信息量。因此,努力实现教学与教学管理手段的现代化,开通可以使用的各种网络和建立校园网络,是现代化高等学校的一项紧迫任务。

6. 运用现代教育技术手段提升教学水平

要加强对现代教育技术和手段的学习、研究和应用,加快计算机辅助教学软件的研制、开发和推广应用。大力开发校园网的教学与教学管理功能,教务处通过校园网公布专业人才培养方案和课程教学大纲,充分利用校园网上丰富的教学资源,开展网上教学,以提升教学水平。

(四)建立目标管理与过程管理相结合的教学管理模式

当前我国的高等教育模式多限于传授学科专业的基本知识和技能,发展学生的语言与逻辑思维能力,以培养社会需求的、从事简单技术操作和技术应用的劳动者。这样的教育模式远不能适应21世纪高科技、多元文化和知识经济发展的需要。高等教育的教学应该注意其社会性、先进性、发展性、创造性和实用性,并以此为指导,转变教育思想,深化教育教学改革,重新审视和改革专业设置、培养目标、课程内容、教育教学方法和教学设施。教师是教学过程的实施者、组织者和主导者,在教学改革中占主体地位。教师的教学改革不是简单追求形式、手段的翻新,而是要突出学生的个体和主体作用,培养他们的独立自主意识、开拓创新精神和自主学习、实践、研究和创新的能力。所以,深化教学改革,学生的参与是很重要的,无视教育对象的教学改革是不能成功的。

(五)建立健全教学管理的质量监控和信息反馈系统

建立健全高等教育教学质量监督保障体系是保证高等教育教学质量的关键。建立学校内部教学质量保证和监控体系,是高校主动强化自身评价,提高教学质量和整体办学水平,促使教学管理走向成熟和规范的具体体现。实践证明,建立健全科学、完善、有效的教学质量保证和监控体系,对于促进教学质量的提高,保证人才的培养质量有重要作用。

在建立全方位教学质量监控体系方面,主要做好以下九个方面的工作:一要注重管理制度建设,这是实现规范化、科学化管理的关键。制度建设应包含制度创新,以实现创新人才的培养。二要全过程监控,如建立贯穿期初、期中、期末的教学检查制度。三要实现网络化监控,包括以校、院教学管理部门为主的教学监控链,以学生信息员、教学督导员等为主的信息反馈链,以学生管理部门为主的学生管理链。四要多渠道监控,如评教评学、毕业生调查、学情调查、教学工作例会制度等。五要多形式监控,如考试监控、考核监控、制度监控等。六要健全质量管理队伍。学校要健全教学质量管理的队伍,包括来自教师、学生、管理人员及社会等方面的质量管理队伍与监督队伍。七要加强教学质量检查,包含影响教学质量的各个环节和方方面面的检查与控制。八要完善各类教学评价。九要设立校内外监督体制。校内督导组、校外政府(包括教育行政部门)的监控作用被教学管理者所重视,但学生家长和用人单位的监督评价作用则往往被教学管理人员所忽视。我们应制定家长调查问卷和用人单位跟踪制,让社会定期反馈信息。这些信息往往是最前沿的、最直接的,是决策者制订方案的直接依据。完善的监督体制可以促进教学质量不断提高。

另外,要建立多渠道的教学质量信息反馈网络,采集包括教师的教学效果信息、学生的学习质量信息、管理者的管理效能信息及用人单位对毕业生质量的反馈信息。一是建立各种信息反馈制度,由各职能部门定期汇总、汇报教学质量信息;二是通过学期初、学期中、学期末的教学检查,教学管理部门和校、院两级领导干部听课及教学督导组收集有关教学质量信息;三是建立学生信息反馈网;四是建立教师信息反馈网;五是建立毕业生信息反馈网。通过这些信息反馈网的建立,及时收集各方面信息,并进行分析和反馈。

(六)创新教学管理机制

要做到真正意义上的教授治校,充分发挥学校教职工代表大会的民主监督作用,严格监督学校领导及管理者对管理法规制度的制定和贯彻执行。将学术管理与行政管理分流,探索新的教学管理体制。特别要强调废除名目繁多的评奖与选拔,还高校以安静的治学环境。真正的学术创新,既需积累,也讲机遇,往往不能以常理推测。建立规章制度,加强学术管理,对于中国大学来说,生死攸关。大学的管理工作,应包含对

"人"的尊重及对"创造性劳动"的理解。前者涉及"尊师重道",后者则不妨称为"放长线钓大鱼"。如此具有弹性的、不乏人情味的管理,方能营造一个有利于产生学术大师的良好的研究环境。

　　健全的管理体制离不开完善的管理理论研究支持。开展高校教学管理体系研究:一是立足于社会主义办学方向和人才培养目标,认真研究创新教学管理的基本理论、体系、方法和原则;二是在分析高校与政府、社会中介组织之间相互关系的基础上,研究新形势下我国高等教育管理体系的主体、目标、结构、功能和特征等;三是在高等教育改革与实践及全面实施素质教育的基础上,博采众长,建立科学合理、符合实际、具有前瞻性和导向性的分类教学质量标准和评价体系。

参考文献

[1]郭晓雯.高校教育教学管理创新发展研究[M].北京:北京工业大学出版社,2019.

[2]马小平.高校人力资源管理发展与创新[M].长春:吉林出版集团股份有限公司,2018.

[3]丁兵.当代高校教育管理研究[M].西安:西北工业大学出版社,2019.

[4]周建松.现代高等职业教育创新发展研究[M].杭州:浙江大学出版社,2015.

[5]奚冬梅,胡飒.高校思想教育教学与实践研究[M].北京:光明日报出版社,2018.

[6]陈雪玲,魏寅.高校管理案例与启示第2辑[M].武汉:华中师范大学出版社,2018.

[7]叶时平.高级应用型人才培养的探索与实践[M].杭州:浙江工商大学出版社,2018.

[8]李旦,周萍萍.从语言文学到国别区域专业外语教学新探索[M].北京:新华出版社,2018.

[9]王成端,刁永锋.实践教学行与思第5辑[M].成都:四川大学出版社,2018.

[10]刘欢.高校学生教育管理研究[M].长春:吉林大学出版社,2019.

[11]张丽云.高校学生教育与管理工作创新研究[M].长春:吉林文

史出版社,2019.

  [12]沈永真.高等教育与高校大学生教育管理建设研究[M].北京:中国纺织出版社有限公司,2019.

  [13]穆牧.高校学生管理与思政教育融合探索[M].北京:北京工业大学出版社,2019.